Л.С. ПУХАЕВА, Л.Н. ОЛЬХОВА

ОБНОВЛЁННАЯ РОССИЯ

*Рекомендовано УМО вузов РФ
по образованию в области международных отношений
в качестве учебного пособия для студентов вузов,
обучающихся по направлениям подготовки и
специальностям "Международные отношения" и
"Регионоведение"*

Санкт-Петербург — Москва
«Златоуст» — МГИМО(У)МИД России

2007

УДК 811.161.1

Пухаева, Л.С., Ольхова, Л.Н.

Обновленная Россия : учебное пособие по русскому языку для иностранных учащихся. — СПб. : Златоуст ; М. : МГИМО(У)МИД России, 2007. — 288 с.

Pukhaeva, L.S., Olkhova, L.N.

Renovated Russia : a manual of Russian for foreign students. — St. Petersburg : Zlatoust ; Moscow : Moscow State Institute of International Relations (MGIMO-University), 2007. — 288 p.

Научный редактор:
проф., докт. ист. н., декан факультета Международных отношений МГИМО
Ю.А. Булатов

Рецензент: *проф., д.п.н. Н.Д. Бурвикова*

Зав. редакцией: *А.В. Голубева*
Редактор: *Д.В. Шаманский*
Корректор: *И.В. Евстратова*
Оригинал-макет: *Л.О. Пащук*
Обложка: *Д.Ю. Зуев*

Настоящее учебное пособие предназначено для владеющих русским языком как неродным на уровне B2 и выше. Оно направлено на развитие навыков использования русского языка в профессиональной и общественно-политической сферах, т. е. навыков аналитического чтения текстов различных жанров и переработки их во вторичные тексты: разные виды планов, тезисы, аннотации, конспекты и рефераты.

Пособие также включает задания по работе с аудиотекстом, направленные на подготовку к ведению конспектов лекций со слуха.

ISBN 978-5-86547-442-5

Содержание

ГЛАВА 3

ГЛАВА 4

ГЛАВА 5

ГЛАВА 6

ГЛАВА 7

ГЛАВА 8

ПРИЛОЖЕНИЯ

Предисловие для преподавателя

«Обновлённая Россия» представляет собой учебное пособие для работы с иностранными учащимися продвинутого этапа обучения, владеющими определёнными навыками русской речи, а также рекомендуется для работы с магистрами первого года обучения, стажёрами, проходящими профессиональную подготовку и переподготовку в российских вузах и интересующимися жизнью современного российского общества.

Цель пособия — развить навыки использования русского языка в профессиональной и общественно-политической сферах, выработать навыки аналитического чтения текстов различных жанров: научить воспринимать, понимать и анализировать полученную информацию, а в случае необходимости перерабатывать в другой текст; составлять разные виды планов, тезисы, аннотации; конспектировать и реферировать тексты и т. д.

Пособие также включает задания по работе с аудиотекстом, направленные на подготовку к ведению конспектов лекций со слуха.

Реализации поставленной цели способствует организация учебного материала, построенного по тематическому принципу. Материал пособия поделён на восемь глав, каждая из которых включает: текст, предтекстовые задания и задания к тексту, беседы и дискуссии по предлагаемым темам, справки о семантике слов и содержании незнакомых понятий (с примерами употребления в предложениях), последовательную работу с фразеологизмами.

В пособии предложены следующие темы: «Россия на карте мира», «Русский характер», «Этнографическое положение России», «Национальный и религиозный состав населения России», «Православие в жизни русского народа», «Население России», «Национально-государственное и административно-территориальное устройство России», «Форма государственного устройства РФ», «Территориальная организация государственной власти в РФ», «Органы государственной власти субъекта федерации», «Становление института президентства в России», «Основы конституционного строя РФ», «Законодательство РФ».

Предлагаемые в пособии тексты имеют познавательные, культурно-исторические и художественные особенности, приобщающие иностранцев к русской культуре, пробуждающие интерес к России, повышающие мотивацию изучения русского языка.

Тексты, вошедшие в пособие, можно разбить на следующие тематические группы:

- тексты, знакомящие с географическим положением России, её климатом, часовыми поясами и т. п.;
- тексты, дающие представление о политической системе России;
- тексты, знакомящие с российской государственной символикой;
- тексты, содержащие информацию о культуре народов России, их обычаях, традициях, особенностях характера, вероисповедании и т. д.

С помощью пособия учащиеся познакомятся с основными чертами научного, официально-делового и публицистического стилей, научатся различать тексты по их стилистическим характеристикам и, наконец, создавать собственные тексты определённых стилей и жанров.

В пособие включены разноуровневые задания, для самостоятельного решения учащимися задач, связанных с осуществлением их профессиональной речевой деятельности на русском языке. Пособие знакомит с лексическими, морфологическими и синтаксическими особенностями представленных стилей; учит смысловому анализу текста и его частей (предложения, абзаца), целевой переработке и репродуцированию текстов определённых жанров, ведению споров, дискуссий и многому другому.

Полезным дополнением к пособию служат приложения, включающие интересный текстовый материал, информационные таблицы, которые можно использовать на занятии. В приложение включены также аудиотексты.

Учебное пособие адресовано нетолько студентам для аудиторной и самостоятельной работы, но и преподавателям, готовящим иностранных учащихся к профессиональной деятельности на русском языке.

Глава 1

✓ Цели и виды переработки текста

Тема: Россия на карте мира

✓ Средства организации текста

Тема: Русский характер

1.1. ЦЕЛИ И ВИДЫ ПЕРЕРАБОТКИ ТЕКСТА

Умение извлекать из текста необходимую информацию важно для записи лекций, подготовки к экзаменам, написания тезисов, рефератов, конспектов, аннотаций, планов.

Для того чтобы запомнить полученную информацию, необходимо сделать выписки из текста, сократить текст, записать своими словами, т. е. **переработать** его.

Способы сокращения текста:

— исключение предложений и частей текста, содержащих второстепенную информацию;

— замена сложных, длинных предложений простыми;

— краткая запись основной информации.

Самый простой вид переработки текста — **дословные выписки**, содержащие основную информацию.

ТЕКСТ 1

ГЕОГРАФИЧЕСКОЕ ПОЛОЖЕНИЕ, РАЗМЕРЫ ТЕРРИТОРИИ, КЛИМАТ

Комментарий к словам и словосочетаниям

Протяжённость — *свойство по знач. прил.* **протяжённый**: имеющий большое протяжение: длинный. *Протяжённость территории с севера на юг.*

Удалённость — *свойство по знач. прил.* **удалённый**: находящийся, расположенный на далёком расстоянии. *Удалённые места. Удалённые города.*

Предопределять (**предопределить**) — заранее, наперёд определять, предрешать, обусловливать что-л. *Климат в этих местах заранее предопределён.*

Полоса — *здесь*: отдельный протяжённый участок чего-л., характеризующийся чем-л.; пояс, зона. *Чернозёмная полоса. Полоса степей. Приграничная полоса.*

Рельеф — совокупность различных неровностей земной поверхности – возвышенностей, гор, низменностей и проч. *Рельеф морского дна.*

Низменность — равнина, расположенная ниже окружающей местности.

Горизонт — линия кажущегося соприкосновения неба с земной или водной поверхностью. *Солнце скрылось за горизонтом. Видимый горизонт.*

Суровый — *здесь*: трудный для жизни, обитания, пребывания. *Суровый край.* // Холодный, морозный. *Суровая зима.*

Осадки — атмосферная влага, выпадающая на землю в виде дождя, снега, росы и т. п. *Атмосферные осадки. Среднегодовое количество осадков.*

Условия — *здесь: чего* или *какие*. Обстановка, в которой происходит, протекает что-л. *Условия жизни. Местные условия. Климатические условия. Географические условия.*

Климат — совокупность метеорологических условий, свойственных данной местности. *Умеренный климат. Континентальный климат.*

Полушарие — одна из половин, на которые условно делятся земной шар и небесная сфера. *Южное полушарие. Карта обоих полушарий.*

Таяние — *действие и состояние по знач. глаг.* **таять** (*несов.*), *здесь:* о таянии снега, оттепели.

Мерзлота, -ы — мёрзлое состояние почвы; промёрзлая почва. *Район вечной мерзлоты.*

Умеренный — *здесь:* средний между жарким и холодным (о климате и месте с таким климатом). *Умеренный климат. Умеренный пояс.*

Субтропический — *прил.*; **субтропики**, *-ов*, *мн. ч.*: географические пояса в Северном и Южном полушариях Земли, занимающие промежуточное положение между тропическим и умеренным поясами. *Субтропические районы. Субтропический климат.*

Умеренно-континентальный климат — тип климата, для которого характерны умеренно-холодная зима и тёплое лето, осадки выпадают в течение всего года.

Континентальный климат — климат областей суши, удалённых от моря, для которого характерны сухость, жаркое лето и холодная зима.

Полярная ночь — временной период за Полярным кругом, в течение которого солнце не восходит.

Часовой пояс — часть земной поверхности, во всех пунктах которой ведётся единый счёт времени (весь земной шар поделён на 24 часовых пояса).

Предтекстовые задания

1 Слушайте слова и в паузах записывайте их, ставя ударение.

....
....
....

2 Запишите глаголы, от которых образованы данные существительные.

Образец: проживание — *прожить / проживать*

расположение ....
предопределение ....
таяние ....
удалённость ....
достижение ....
приближение ....

3 Составьте возможные словосочетания с данными прилагательными.

Заснеженный, климатический, благоприятный, постоянный, полярный, арктический, зимний.

4 Найдите соответствующие сокращениям значения.

ч.	квадратный километр
км	миллион
млн.	сантиметр
тыс.	градус Цельсия
м	час
см	тысяча
°C	километр
$км^2$	метр

Задания к тексту

1 Прочитайте текст. Передайте его содержание.

От самого центра Азии и заснеженных вершин Кавказа до холодных побережий Северного Ледовитого океана, от берегов Балтийского моря до Тихого океана раскинулась наша Родина — Российская Федерация.

Российская Федерация — самое большое по площади государство мира. Её площадь — 17,1 млн. км^2. Наша страна сравнима по территории с Южной Америкой и в 2 раза больше Австралии. Россия расположена сразу в двух частях света — Европе и Азии. Россиянином является почти каждый пятый европеец, и только каждый сотый житель Азии. Большая часть населения России — почти 78 % — проживает в ее европейской части, но основная часть территории нашей страны — 75 % — находится в Азии.

Известно, что наша страна по географическому положению – одна из самых северных. Она полностью находится в Северном полушарии. Географическое положение во многом предопределяет климатические условия.

Значительная часть страны расположена в умеренном климатическом поясе, наиболее благоприятном для нормальной жизнедеятельности организма, «комфортном» для населения. На этой территории проживает более 95 % населения страны.

России свойственно разнообразие климата, которое объясняется большой протяжённостью страны с севера на юг, неоднородным рельефом, разной удалённостью отдельных частей от океанов. Узкая полоса побережья Чёрного моря находится в субтропическом поясе, а довольно большая территория государства характеризуется суровыми климатическими условиями. Так, средняя температура января в Сочи около 0°С, а в районе Оймякона (на Севере) морозы достигают —71 °С.

В арктических районах «зима длится круглый год» — снег не тает, температуры отрицательные. Здесь нет постоянного населения, только учёные — исследователи Арктики и спортсмены, пытающиеся иногда на лыжах, собаках, снегоходах достичь Северного полюса.

Лето на всей территории страны становится теплее с продвижением на юг, морозы зимой усиливаются при движении от западных границ страны (–8 °С) на восток (до –50 °С в Якутии). Это объясняется тем, что к востоку доходит меньше тепла от Атлантического океана. И только ещё восточнее, по мере приближения к Тихому океану, зима опять становится несколько теплее.

Для районов Сибири и Дальнего Востока характерна многолетняя мерзлота. Здесь даже в период самого тёплого месяца, июля, температура часто опускается ниже 0 °C. Большую часть зимы длится полярная ночь (Солнце не появляется над горизонтом), а большую часть лета – полярный день (Солнце не заходит за горизонт).

Конечно, «северное» географическое положение имеют и страны Скандинавского полуострова, но там зимой намного теплее, чем на большей части России.

Из-за большой протяжённости с запада на восток (9 тыс. км, с севера на юг — на 3 тыс. км) в стране велика разница во времени — 10 часовых поясов.

◇2◇ Перечитайте текст. Дайте развёрнутые ответы на вопросы.

— Что позволяет отнести Россию к числу северных стран?

— Как вы считаете, какие территории в климатическом отношении наиболее благоприятны?

— Почему географическое положение России называют уникальным?

◇3◇ Сократите предложения, убрав лишние слова, но сохранив смысл.

1. Географическое положение страны, конечно же, во многом предопределяет её климатические условия.
2. Следует подчеркнуть, что России свойственно разнообразие климата, которое можно объяснить большой протяжённостью страны с севера на юг.
3. Основная территория России расположена в умеренном климатическом поясе, тут же проживает более 95 % населения страны.
4. Здесь даже в период самого тёплого месяца, июля, температура часто опускается ниже 0 °C.

◇4◇ Сократите первый, третий и пятый абзацы текста. Исключите лишние абзацы, содержащие, на ваш взгляд, не очень важную информацию. Запишите полученный вариант.

5 **Подготовьте сообщение о климатических условиях на территории вашей страны. Сопоставьте их с климатическими условиями на территории России.**

Дискуссия

На основе текста подготовьте выступление на тему *«Россия на карте мира»*. Используйте известные вам материалы по данной теме, а также Текст 3 в Приложении № 10.

Советы

ЕСЛИ ХОЧЕШЬ ПОБЕДИТЬ
В СПОРЕ (ДИСКУССИИ)

1. Помни, что истина не принадлежит никому, в том числе и тебе.
2. Будь готов выслушать любую точку зрения, любой аргумент.
3. Имей смелость согласиться с оппонентом, если чувствуешь, что он прав.
4. Прежде чем спорить, выслушай другого.
5. Умей терпеливо объяснять свою точку зрения.
6. Отрицая что-либо, объясни причину несогласия и аргументируй его.
7. Критикуя что-либо, предлагай что-то взамен.
8. Громкий голос — плохой аргумент в споре.
9. Мыслям противопоставляй мысли, а не амбиции.
10. Ищи слабые места в позиции оппонента, а не в нём.

Фразеологизмы

На протяжении *чего* — в течение какого-л. времени; в продолжение какого-л. расстояния. *На протяжении всего вечера. На протяжении реки.*

Появиться на *чьём-то* **горизонте** — *перен.:* появиться в каком-л. обществе, кругу людей.

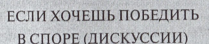

Исчезнуть с *чьего-то* **горизонта** — *перен.:* перестать появляться, встречаться в каком-л. обществе, кругу людей.

Задания

1. **Проверьте себя: знаете ли вы значения данных фразеологизмов?**
2. **Найдите эквиваленты данных фразеологизмов в родном языке.**
3. **Составьте предложения с данными фразеологизмами.**

Это интересно

Россия — **самая** большая по площади страна мира (17,1 млн. км^2).

Россия имеет **наибольшее число** соседей (16) и морей, омывающих её берега (13).

Самое большое и глубокое море у берегов России — Берингово (площадь 2315 тыс. км^2, средняя глубина — 1640 м, максимальная — 5500 м).

Самое мелководное море на Земле и самое маленькое по площади у берегов России — Азовское (площадь — 39 тыс. км^2, средняя глубина — 7 м, максимальная — 15 м).

Самое холодное море — Восточно-Сибирское. Зимой температура воды от –1,2 до –1,5°С, летом в открытом море – 0... +1°С.

Самое чистое море — Чукотское.

Самый длинный пролив — Татарский (длина 663 км).

Самый широкий пролив — Берингов (наименьшая ширина 86 км). Наибольшая глубина — в Курило-Камчатском желобе (9717 м).

Самый большой полуостров — Таймыр (площадь 400 тыс. км^2).

Самый большой остров — Сахалин (площадь 76,4 тыс. км^2).

Самые высокие приливы — в Пенжинской губе Охотского моря (13 м).

Самая большая равнина — Западно-Сибирская (площадь около 3 млн. км^2).

Самая длинная горная система — Урал (2100 км). **Самая** высокая вершина — гора Эльбрус на Кавказе (5642 м). **Самая** низкая отметка — побережье Каспийского моря (–28 м над уровнем моря).

Самое глубокое озеро в мире и самое большое по площади в России — Байкал (максимальная глубина 1637 м, площадь 31,5 тыс. км^2).

Самое горячее озеро России — Фумарольное на Камчатке (средняя температура воды +50°С).

Самая длинная река — Обь с Иртышом (общая длина 5410 км).

Самая многоводная река — Енисей (средний расход 19 800 $м^3$/с, годовой сток 624 $км^3$).

Самая извилистая река — Пьяна (приток Суры) в Нижегородской области (длина 436 км, хотя исток отдалён от устья всего на 30 км).

Самая большая дельта — у реки Лены (30 тыс. $км^2$).

Самый высокий водопад — Илья Муромец (высота падения 141 м) на о. Итуруп (Курильская гряда).

Самый известный водопад — Кивач на р. Суне (Карелия). Его высота 11 м.

Самое большое по площади водохранилище — Куйбышевское на р. Волге (площадь 6448 $км^2$).

Самое большое по объёму водохранилище — Братское на р. Ангаре (объём 169,3 $км^3$).

Самая низкая температура воздуха северного полушария зафиксирована в Оймяконе (–71°С).

Самая большая высота снежного покрова (более 120 см) — в юго-восточной части Камчатки.

Самая малая высота снежного покрова — близ побережья Каспия (менее 10 см).

Самое распространённое дерево России — лиственница.

Самое распространённое лиственное дерево — берёза. В России растет 40 видов берёз. По древнему славянскому преданию души умерших людей переселяются в берёзы. Может быть, поэтому берёза стала символом России.

Задания

1 **Запишите числительные словами. Аббревиатуры и сокращения напишите полностью и прочитайте.**

17,1 млн. км ....

....

2315 тыс. $км^2$ ....

....

5500 м ....

....

1,5 °C ....
....

624 км^3 ....
....

10 см ....

0... +1 °C ....
....

76,4 тыс. км^2 ....
....

2. **Прокомментируйте информацию о России из рубрики «Это интересно».**

3. **Расскажите, что нового вы узнали о России.**

Фразеологизмы

Брать (взять) на заметку — обращать (обратить) на что-л. внимание, запомнить, записывать для памяти.

Брать (взять) быка за рога — *перен.:* начинать (начать) действовать энергично, с самого главного.

Брать (взять) верх — добиваться (добиться) преимущества, одолевать (одолеть).

Брать (взять) на себя смелость (сделать что-л.) — осмеливаться (осмелиться), отваживаться (отважиться) на что-л.

Задания

1. **Проверьте себя: знаете ли вы значения данных фразеологизмов?**

2. **Найдите эквиваленты данных фразеологизмов в родном языке.**

3. **Составьте предложения с данными фразеологизмами.**

ТЕКСТ 2

С КАКИМИ СТРАНАМИ ГРАНИЧИТ РОССИЯ?

Комментарий к словам и словосочетаниям

Граничить — *с чем*: быть смежным территориально; иметь общую границу. *Китай граничит с РФ.*

Соприкасаться — иметь смежные, касающиеся друг друга границы, части; находиться в непосредственной близости. *Наши границы тесно соприкасаются.*

Сектор — 1. Часть площади чего-л., участок, ограниченный радиальными линиями. *Южный сектор. Сектор обороны.* 2. Отдел учреждения или организации с определённой специализацией. *Сектор машиностроения.*

Пролив — узкое водное пространство, соединяющее два водоёма или две части водоёма (моря, озера, пруда и т. п.) *Берингов пролив.*

Побережье — *мн. ч.* **-жья**, *род. п. мн. ч.* **-жий**. Полоса земли, местность вдоль берега океана, моря или озера. *Кавказское побережье Чёрного моря.*

Сухопутный — 1. Находящийся на суше, проходящий по суше. *Сухопутная дорога. Сухопутная граница.* 2. Живущий на суше. *Сухопутное животное.* 3. Относящийся к действиям на суше, перемещению по суше. *Сухопутные войска. Сухопутный транспорт.*

Предтекстовые задания

1 Слушайте слова и в паузах записывайте их, ставя ударение.

....

....

....

2 Вставьте пропущенные предлоги *(на, до, из-за, в, за, от, кроме)*. Слова, данные в скобках, поставьте в нужной форме.

1. СССР распался ... (отдельное независимое государство). 2. Крайняя северная точка России находится ... (остров Рудольф) ... (Северный

Ледовитый океан), ... неё 900 км ... (Северный полюс). 3. ... (Япония и США) Россия отделена узкими проливами. 4. ... (нерешительность) прикаспийских государств не определена морская граница России ... (Каспийское море). 5. Каспийское море ... (пределы) территориальных вод будет иметь международный статус. 6. Большинство бывших союзных республик образовали Содружество Независимых Государств, ... (прибалтийское государство).

Задания к тексту

1 Прочитайте текст. Перечислите страны, с которыми граничит Россия.

В конце 1991 г. произошёл распад СССР на отдельные независимые государства — бывшие союзные республики. Большинство из них, кроме стран Балтии, образовали Содружество Независимых Государств (СНГ).

Россия стала крупнейшим государством СНГ (77 % площади, 54 % населения). Общая протяженность границ России самая большая в мире — 60 тыс. км.

Крайняя северная точка страны находится на острове Рудольфа в Северном Ледовитом океане, от неё всего 900 км до Северного полюса (материковая — на мысе Челюскин). Северные границы России — полностью морские (моря Северного Ледовитого океана), восточные — преимущественно по водам Тихого океана; морские границы есть и на западе (Балтийское море).

Южная точка — в Дагестане на границе с Азербайджаном, юго-западнее горы Базардюзю. Крайняя западная — в Калининградской области, а восточная – в Западном полушарии на острове Ротманова в Беринговом проливе (материковая — на мысе Дежнёва). Расстояние между северной (островной) и южной точками — более 4 тыс. км. Между западной и восточной (островной) — около 10 тыс. км.

Как самая большая по территории, наша страна имеет и наибольшее число сухопутных соседей. Россия граничит на суше с 14 странами.

На западе страна граничит с Норвегией, Финляндией, Эстонией, Латвией и Белоруссией (Калининградская область граничит с Польшей и Литвой), на юго-западе — с Украиной, на юге — с Грузией, Азербайджаном, в азиатской части — с Казахстаном, Монголией, Китаем и Кореей.

Кроме перечисленных выше 14 стран, соседями России являются на востоке Япония и США. От этих стран Россия отделена узкими проливами. Протяжённость морского побережья России в Балтийском и Азово-Черноморском бассейнах очень невелика, но оно используется интенсивно.

К Балтийскому морю Россия выходит на двух участках: к Финскому заливу (город Санкт-Петербург и Ленинградская область) и к южной части моря (Калининградская область).

Морская граница России на Каспийском море пока точно не определена. Прикаспийские государства не решили, будет ли это море поделено на секторы или за пределами территориальных вод будет иметь международный статус.

2 **Выпишите основную информацию из каждого абзаца.**

3 **Составьте письменно 5–6 вопросов по тексту и устно ответьте на них.**

4 **Подготовьте краткую информацию о странах, с которыми граничит Россия после распада СССР.**

Советы

Одним из эффективных способов повышения скорости записи текста, воспринимаемого на слух (доклад, выступление, лекция), является сокращение слов.

Обратите внимание:

• В письменной речи наибольшее количество информации приходится на первые буквы слов.

• Не сокращайте те окончания, с помощью которых обозначаются признаки предметных отношений.

• Словарный запас автора текста, как правило, превышает словарный запас конспектирующего, поэтому новые слова записывайте полностью, пока они не войдут в ваш активный запас.

• Сокращённое слово должно иметь «запас прочности», достаточный для восстановления этого слова в данном контексте.

• Не следует сокращать цитаты.

• Сокращённая часть заканчивается согласной, после которой ставится точка.

Некоторые возможные правила сокращений:

1. Оставляется только первая (начальная) буква слова (XXI век – XXI **в.**; год – **г.**).

2. Оставляется начальная часть слова, до согласной (исторический — **ист.**, российский — **рос.**).

3. Сокращается несколько букв в середине слова, вместо которых ставится дефис (институт — **ин-т**, библиотека — **б-ка**).

Запомните, что, за исключением специальных обозначений, сокращение не должно оканчиваться на гласную (если она не начальная буква в слове), на букву «й», на мягкий и твёрдый знаки.

Пользуйтесь списком некоторых общепринятых сокращений, данных в Приложении № 2.

Задания

1. Расшифруйте следующие сокращения:

н. э., см., публ., в т. ч., гг., т. о., введ., т. п., сокр., т. е.

2. Сократите следующие слова и словосочетания. См. Приложение № 2.

реферат ....

глава ....

современный ....

так называемый ....

научный ....

в том числе ....

публикация ....

так далее ....

введение ....

смотри ....

так как ....

3. Восстановите полный вариант текста, расшифровывая данные в скобках сокращения. Прочитайте текст вслух.

1. (РФ) ... — самое крупное (гос.) ... в мире. 2. (Общ.) ... протяжённость границ РФ самая большая в мире — 60 (тыс.) ... (км) ... . 3. (Сев.) ... границы (РФ) ... — полностью морские. 4. Как известно, Земля совер-

шает (полн.) ... оборот вокруг своей оси за одни сутки. 5. (Т. о.) ... , на одной стороне Земли — день, на (др.) ... — ночь. 6. Каждый час Земля поворачивается на 15° по долготе, поэтому, (напр.) ... , солнечный полдень в (г.) ... (СПб.) ... наступает примерно на 1 (ч.) ... позже, чем в (г.) ... Костроме. 7. Положение изменилось со (стр-ом) ... (ж. д.) ... и развитием (телегр.) ... . 8. Малые страны обычно (ввод.) ... на всей (террит.) ... время своей столицы.

4 **Запишите текст под диктовку. Сделайте необходимые сокращения.**

Это интересно

Завоёванные в начале XVIII в. Петром I территории нынешних Эстонии и Латвии в 1991 г. отделились, и сегодня наша страна вынуждена использовать для балтийской торговли их порты (ныне – иностранные), платя за это немалые деньги. Для улучшения положения России на Балтике строятся новые порты в Финском заливе. Хотя залив обычно зимой замерзает, работа портов обеспечивается с помощью ледокола.

Фразеологизмы

1. За границу — в иностранные государства.

За границей — в иностранных государствах.

Из-за границы — из иностранных государств.

2. Территориальные воды — прилегающая к берегу полоса моря или океана, входящая в состав прибрежного государства.

Задания

1. **Проверьте себя: знаете ли вы значения данных фразеологизмов?**
2. **Найдите эквиваленты данных фразеологизмов в родном языке.**
3. **Составьте предложения с первыми тремя фразеологизмами.**

ТЕКСТ 3

ТАК ЛИ УЖ ВАЖНО ЗНАТЬ, КОТОРЫЙ ЧАС В ДРУГИХ РАЙОНАХ МИРА И РОССИИ?

Комментарий к словам и словосочетаниям

Сетовать — жаловаться; огорчаться, печалиться по какому-л. поводу. *Сетовать на свою жизнь, судьбу.*

Сутки — единица измерения времени, равная 24 часам; общая продолжительность дня и ночи.

Долгота — *здесь:* одна из координат, определяющих положение точки на поверхности Земли относительно начального меридиана.

Привязать — *перен.:* привести в соответствие с чем-л., соотнести с чем-л. *Привязать данные измерений к астрономическому времени.*

Поясное время — время, исчисляемое по поясам.

Декретное время — поясное время, переведённое на один час вперёд.

Естественное освещение — *ср.:* искусственный свет.

Предтекстовые задания

1. **Слушайте слова и в паузах записывайте их, ставя ударение.**

....

....

....

....

2. Слова и словосочетания, данные в скобках, поставьте в нужной форме, используя необходимые предлоги.

Образец: находиться *где?* (горизонт) —
находиться над горизонтом

привязать *к чему?* (какое-либо время) ....
....
сравнивать *с чем?* (поясное время) ....
....
использовать *что?* (естественное освещение) ....
....
разница *в чём?* (времени) ....
....

Задания к тексту

1. Прочитайте текст. Скажите, когда было принято соглашение о поясном времени и когда оно было введено в России.

Как известно, Земля совершает полный оборот вокруг своей оси за одни сутки. Таким образом, на одной стороне Земли — день, на другой — ночь. Каждый час Земля поворачивается на 15° по долготе. Поэтому, например, солнечный полдень (то есть момент наивысшего нахождения солнца над горизонтом) в Санкт-Петербурге наступает примерно на час позже, чем в Костроме.

Долгое время, вплоть до конца XIX в., города, находящиеся на различной долготе, имели собственный счёт времени. Положение изменилось со строительством железных дорог и развитием телеграфа. Расписание поездов должно было быть привязано к какому-либо одному времени. В России «единое время» употреблялось с конца XIX в. только на железных дорогах и телеграфе – его называли петербургским временем. С переносом столицы в Москву его начали называть московским.

Малые страны обычно вводили на всей территории время своей столицы. Однако для больших стран, вытянутых с запада на восток, это было бы очень неудобно. В 1884 г. на Международном астрономическом конгрессе в Вашингтоне было принято соглашение о поясном времени. В России оно было введено в 1919 г.

В СССР в 1930 г. специальным постановлением — декретом — стрелки часов были переведены на час вперёд по сравнению с поясным временем, чтобы рабочий день начинался раньше и большая его часть проходила при естественном освещении (а не при искусственном свете). В связи с этим разница во времени между Москвой и Лондоном составляет уже не два, а три часа.

Кроме того, с 1990-х годов в России, как и во многих других странах, каждой весной стрелки часов переводят ещё на один час вперёд, на летнее время, а осенью — снова назад, на зимнее. Дело в том, что летом солнце встаёт раньше и, чтобы использовать естественное освещение, начинать рабочий день также стоит пораньше.

◇2◇ Составьте диалог на основе предложенных вопросов.

— В какое время и сколько раз в течение года живущим в одном и том же месте России приходится переводить часы?

— ....

....

— Когда начинается рабочий день в вашей стране?

— ....

....

— Какова разница во времени между Москвой и столицей вашего государства?

— ....

....

◇3◇ Выпишите основную информацию из каждого абзаца.

◇4◇ Сократите третий и четвёртый абзацы до двух простых предложений. Исключите лишние, на ваш взгляд, предложения. Запишите полученный вариант.

◇5◇ Составьте план текста.

◇6◇ Восстановите информацию текста по плану (Задание 5), по ключевым словам и словосочетаниям.

Ось, долгота, единое время, московское время, поясное время, декретное время, летнее и зимнее время.

Ситуация

1. Ваш междугородный звонок из Москвы разбудил членов вашей семьи в три часа ночи. Посетовав вначале на прерванный сон, они простили вас.

Как вы думаете, почему?

2. Вам необходимо позвонить из Москвы на родину.

Какое время вы должны выбрать, чтобы ваши коллеги (партнёры по совместной работе) были на рабочем месте?

Это интересно

Наши туристы, побывавшие в Западной Европе или в Америке, часто удивляются, что там рабочий день начинается раньше, чем у нас: не в 8–9 часов утра, а в 7–8 часов. Причина этого заключается не в том, что там любят раньше вставать, а в установленном в нашей стране декретном времени.

Фразеологизмы

Во все времена — всегда.
Со временем — в будущем, впоследствии.
С течением времени — постепенно, в будущем.
В скором времени — в ближайшем будущем, скоро.
Раньше времени — преждевременно.

Задания

1. **Проверьте себя: знаете ли вы значения данных фразеологизмов?**
2. **Найдите эквиваленты данных фразеологизмов в родном языке.**
3. **Составьте предложения с данными фразеологизмами.**

Дискуссия

Выскажите свою точку зрения на тему: *«Уникальность географического положения России»*. Пользуйтесь материалами текстов и известной вам информацией по данной теме.

1.2. СРЕДСТВА ОРГАНИЗАЦИИ ТЕКСТА

Рассмотрим несколько вопросов:

- Как устроен текст?
- Как обеспечивается его организованность и связность?
- Как оформляются начало, середина и конец текста?

Обратите внимание на Таблицу № 1.

Таблица № 1

Структурная часть текста	Средства организации
Начало	— в начале, сначала, в первую очередь, прежде всего...; — риторический вопрос
Основная часть — перечисление информации; — положения, иллюстрации, уточнение	— во-первых, во-вторых, в-третьих...; наконец...; — например, так, точнее говоря, иначе говоря, другими словами, в частности...; — риторический вопрос
Конец, обобщение, вывод	— итак, таким образом, вообще, в целом, в заключение, следовательно...; — риторический вопрос

В научной **полемике (дискуссии)** чаще используются образные средства, усилительные частицы, местоимения и наречия (*лишь, только, абсолютно*), восклицательные предложения. Полемические тексты имеют яркую эмоциональную окраску.

ТЕКСТ 1

ОТ СТОЛКНОВЕНИЯ К ВЗАИМОПОНИМАНИЮ

Комментарий к словам и словосочетаниям

Вероисповедание — вероучение со свойственной ему обрядностью; принадлежность к какой-л. религии. *Католическое вероисповедание.* (**Вероучение** — совокупность основных положений какой-л. религии. *Христианское вероучение.*)

Калейдоскоп — *перен.:* быстрая смена чего-л. *Калейдоскоп событий, лиц, впечатлений.*

Крах — разорение, банкротство. *Крах банка.* // *Перен.:* полная неудача, провал. *Потерпеть крах.*

Уживаться (ужиться) — наладить мирную и согласную жизнь с кем-л., где-л., начать мирно сосуществовать. *Эти студенты не могли ужиться в одной комнате. Разные религии смогли ужиться в этой стране.*

Месть — намеренное причинение зла с целью отплатить за оскорбления, обиды и т. п. *Жажда мести.*

Мстительный — склонный к мщению. *Мстительный человек.* // Выражающий месть. *Мстительное выражение.*

Взрастивший — вырастивший, воспитавший.

Тотальный — общий, всеобщий, сплошной. *Тотальное увлечение джазом.*

Гнёт — 1. *Перен.*: то, что тяготит, угнетает, мучит. *Находиться под гнётом неприятных воспоминаний.* 2. Насильственное воздействие сильного на более слабого; притеснение, угнетение. *Борьба против гнёта и несправедливости.*

Привлекательный — влекущий к себе, заманчивый, интересный. *Лекции этого лектора очень привлекательны.* // Располагающий к себе, вызывающий симпатию (о человеке, его свойствах, характере, качествах). *Лицо её было весьма привлекательно.*

Покорность — *свойство по знач. прил.* **покорный**: подчиняющийся, послушный, уступчивый. *Жена была покорной и верной. Лицо его выражало покорность.*

Надувать (надуть) — *здесь: прост.*: обмануть, провести. *Меня на рынке вчера надули.*

Отражать (отразить) — *здесь*: передать в художественных образах; выразить, отобразить. *Телевидение отражает нашу действительность.*

Осторожность — *свойство по знач. прил.* **осторожный**: крайне осмотрительный в своих действиях, поступках; предусматривающий возможную опасность. *Осторожный человек. Проявлять осторожность.*

Скрытность — *свойство по знач. прил.* **скрытный**: скрывающий свои мысли, чувства, намерения. *Скрытный человек. Скрытность характера.*

Тиски — *здесь: перен.*: то, что стесняет, сковывает, лишает свободы. *Зажать в железные тиски дисциплины. Цензурные тиски.*

Мессианский — *прил.*; **мессианство**, **мессия**: в разных религиях божественный избавитель, который должен явиться для уничтожения зла на земле и спасения человечества.

Предтекстовые задания

1 **Слова, данные в скобках, поставьте в нужной форме. Прочитайте словосочетания, обращая особое внимание на произношение согласных *ж, ш, щ, ц*.**

возмо**ж**ность (самопо**ж**ертвование) ....
му**ж**ественных (люди) ....
тиски крайней (**ж**естокость) ....
позволить (об**щ**ество) ....
в течение 70 лет (борьба) и (эволю**ц**ия) ....
одно (у**ж**иваться) с другим ....
культура, (взрастив**ш**ий) Солженицына ....
(тя**ж**ёлый) труда ....
возро**ж**дение (на**ц**ия) ....
подозрительность по (отно**ш**ение) ....
(мелкий) **ж**ульничество ....
и (**ц**арский), и (советский) ре**ж**иму ....
склонны к (вы**ж**ивание) ....
становиться (**ж**ертва) ....
обнару**ж**ить много (об**щ**ее) ....
про**ц**ветать в (ме**жд**ународный) делах ....

отношение к миру в (целый) ....
неизбежно отражают стиль (командная экономика) ....
традиционно проявлять (присущий) осторожность ....
порождённый (тщательная подготовка) ....

2 **Объясните своими словами значения данных слов.**

Образец: человеконенавистник — *тот, кто ненавидит людей*

поликультурный ... страна, в которой идут много культур
вероисповедание ... ~~то~~, в чём человек верит
недальновидный ....
самопожертвование ....

Задания к тексту

1 **Прочитайте текст «От столкновения к взаимопониманию». Скажите, соответствует ли название текста содержанию. Раскройте смысл названия.**

Распад Советского Союза привёл к исчезновению гигантского поликультурного исторического феномена — безумно запутанного клубка из разных стран, рас, республик, территорий, автономных областей, философий, религий и вероисповеданий. Калейдоскоп культур в этой стране был настолько пёстрым, что голова шла кругом только от одного взгляда на него. Крах Союза даёт возможность ограничиться рассмотрением культуры самой России.

Слишком легко соединить вместе советскую идеологию и русский характер, так как в течение 70 лет борьбы и эволюции одно уживалось с другим. Сталин был грузином, а не русским. Микоян был армянином, однако Ленин, Троцкий и Керенский — первые мыслители большевиков – были великороссами, как и Хрущёв, Андропов, Молотов, Булганин, Горбачёв и Ельцин. Все же простые советские люди были не более чем единой управляемой массой российского общества, зачастую непопулярного, мстительного и к тому же недальновидного, хотя тиски тотальной власти и крайней жестокости позволили этому обществу устоять на ногах в течение семи десятилетий.

Однако то же самое общество и в тот же самый период времени дало миру Пастернака, Солженицына, Сахарова и тысячи мужественных людей, которые поддерживали их. Культура, взрастившая Чехова, Чайковского, Рахманинова, Толстого, Петра Великого и Александра Невского, просто не могла бесследно исчезнуть в короткий период политического гнёта и тяжёлого труда.

Русская душа бессмертна. Её возрождение и развитие в XXI в. имеют огромное значение для остального мира.

Некоторые менее привлекательные черты поведения русского человека — чрезмерный коллективизм, апатия, подозрительность по отношению к иностранцам, пессимизм, мелкое жульничество, работа урывками, уход в себя. И царскому, и советскому режимам легко было управлять народом благодаря тому, что покорные, терпеливые люди были склонны к коллективизму и самопожертвованию.

Русские, чтобы выжить, идут на крайности. В основном это очень тёплые, душевные, заботливые люди, отзывающиеся на добро и любовь, если они чувствуют, что их не «надувают» в очередной раз.

Финны, которые неоднократно становились жертвами русского экспансионизма, охотно признают теплоту и врождённое дружелюбие русского человека. Даже американцы, если найдут время призадуматься над этим, обнаружат удивительно много общего с русскими.

Обе нации, как и французы, мыслят масштабно и считают, что на их долю выпала важная мессианская роль в международных делах.

Что касается отношения к миру в целом, то любопытно, как русские представляют себе иностранцев и, что особенно важно, как они ведут себя с ними. Несмотря на то, что российское общество явно переживает переходный период, отдельные характеристики их деловой культуры неизбежно отражают стиль командной экономики, которая определяла их подход к деловым встречам в течение нескольких десятилетий. Поэтому русские на переговорах не только проявляют традиционно присущую им осторожность, упорство и скрытность, но и демонстрируют свой глубокий опыт, порождённый тщательной подготовкой и изобретательной организацией деловых отношений.

(По материалам: Р.Д. Льюис. Деловые культуры в международном бизнесе. М.: Изд-во «Дело», 1999)

2. Подтвердите или опровергните предложенные утверждения. Аргументируйте своё мнение, опираясь на текст.

1. Распад Советского Союза привёл к исчезновению гигантского поликультурного исторического феномена.

2. Русская душа бессмертна, и её возрождение и развитие в XXI в. имеют огромное значение для остального мира.

3. Менее привлекательные черты поведения русского человека — чрезмерный коллективизм, подозрительность по отношению к иностранцам, пессимизм, мелкое жульничество, работа урывками.

4. Русские, чтобы выжить, идут на крайности.

5. В основном это очень тёплые, душевные, заботливые люди, отзывающиеся на добро и любовь.

6. У американцев есть много общего с русскими.

3. Расскажите, что нового вы узнали о России и русских. Готовя своё выступление, используйте возможные средства организации текста (Приложение № 2).

4. Известны ли вам имена и фамилии, упомянутые в тексте? Подготовьте небольшое сообщение о некоторых из этих деятелей (по выбору). Пользуйтесь энциклопедическим словарём и Интернетом.

Фразеологизмы

демонстрация

Надуть губы — *перен.:* то же, что **надуться**: обидевшись, нахмуриться, сделать недовольное лицо; обидеться, рассердиться.

Надулся как мышь на крупу — о человеке, имеющем обиженный, «надутый» вид.

нахмурить брови - не доволен
поджать губы - не хочет говорить
раскатить губу (губы) - жадный, слишком много спросить

Задания

1. Проверьте себя: знаете ли вы значения данных фразеологизмов?

2. Найдите эквиваленты данных фразеологизмов в родном языке.

3. Составьте предложения с данными фразеологизмами.

ТЕКСТ 2

ОТ ЧЕГО ЗАВИСИТ ХАРАКТЕР?

Комментарий к словам и словосочетаниям

Безжалостный — не имеющий жалости, сострадания; жестокий

Убеждение — 1. Твёрдое мнение. *Убеждение в своей правоте*. 2. *Мн. ч.* убеждения, -ий: система взглядов, мировоззрение. *Политические убеждения.*

Необъятный — 1. Огромный по протяжению, размерам. *Необъятные просторы.* 2. Очень большой по силе, степени проявления.

Неизменный — такой, который не может быть изменён; неменяющийся; постоянный. *Неизменные принципы.*

Суровость — *свойство по знач. прил.* **суровый**: 1. Непреклонный, не знающий снисходительности к себе и другим. *Суровый человек. Суровый воин.* 2. Трудный для жизни, обитания, пребывания. *Суровый край. Суровый климат. Ант.* — **мягкость.**

Уязвимость — *свойство по знач. прил.* **уязвимый**: 1. Слабо защищённый, плохо вооружённый или укреплённый, обнаруживающий слабость, недостаток. *Уязвимое место в дипломной работе.* 2. *перен.:* такой, которого легко оскорбить, уязвить. *Уязвимый человек.*

Бездействовать — ничего не делать; не производить никакой работы, находиться в состоянии покоя (о машинах, предприятиях и т. п.). *Завод бездействует. Ант.* — **действовать**.

Лихорадочно — *нареч.* к **лихорадочный**, *перен.*: то, что связано с внутренним волнением, нервозно. *Его глаза блестели лихорадочно.* // Чрезмерно торопливо, напряжённо. *Лихорадочно двигаться, действовать.*

Изнеможение — состояние крайнего утомления, полного бессилия.

Порождать (чувство) — послужить причиной появления чего-л.

Сокращённое дневное время — на большей части России зимой световой день значительно короче тёмного времени суток.

Риторический вопрос — стилистическая фигура: утверждение в форме вопроса; вопрос, не требующий ответа.

Предтекстовые задания

1 Слушайте слова и в паузах записывайте их, ставя ударение.

....

....

....

2 Укажите, с какими существительными могут сочетаться прилагательные. Используйте слова для справок. Запишите словосочетания.

безжалостный ....

необъятный ....

уязвимый ....

коренной ....

враждебный ....

суровый ....

Слова для справок: климат, житель, место, зима, закон, проект, союз, соседство, население, даль, сила, тон, выражение, небо, край, лицо, взгляд, отношение, простор, характер, вопрос, человек, воспитание.

Задания к тексту

1 Прочитайте текст «От чего зависит характер?». Определите по названию, о чём в нём пойдёт речь.

В какой степени русский характер обусловлен безжалостным авторитарным режимом в стране в течение многих столетий, а в какой — необъятными просторами России и суровостью её климата?

Наблюдения подтверждают, что два главных фактора формирования ценностей и коренных убеждений русских остаются постоянными при любом правлении: это, во-первых, необъятные просторы России и, во-вторых, неизменная суровость её климата. Бескрайние и мало защищённые степные просторы России порождают у людей глубокое чувство своей уязвимости и заброшенности, что, в свою очередь, вынуждает людей объединяться для того, чтобы выжить, и развивает у них враждебность по отношению к внешнему миру.

Влияние климата особенно сильно сказалось, например, на русских крестьянах, которые по традиции вынуждены практически бездействовать большую часть года, а затем в оставшийся короткий период лихорадочно работать до изнеможения – пахать, сеять и собирать урожай. Любой, кто бывал глубокой зимой в Иркутске или Новосибирске, мог на себе испытать сковывающее действие мороза –20–40 градусов по Цельсию. Наконец, высокий уровень самоубийств зимой в таких более тёплых странах, как Швеция и Финляндия, говорит о том, что русские люди не единственные, кто вынужден значительную часть года жить в условиях сокращённого дневного времени.

(По материалам: Р.Д. Льюис. Деловые культуры в международном бизнесе. М.: Изд-во «Дело», 1999)

2. **Составьте вопросы к тексту. Ответьте на них письменно.**

3. **Опираясь на Таблицу № 1, укажите средства организации текста.**

4. **Как вы ответили бы на вопрос, поставленный Р.Д. Льюисом в начале текста?**

КАК ВЕСТИ СЕБЯ С РУССКИМИ

— Если у вас на руках «сильные карты», не злоупотребляйте ими. Россияне — гордые люди, и их нельзя унижать.

— Они не так сильно, как вы, заинтересованы в деньгах, поэтому легче, чем вы, готовы отказаться от сделки.

— Они больше ориентированы на людей, чем на дело. Постарайтесь им понравиться.

— С самого начала окажите им услугу, но покажите, что это делается не из-за их слабости. Услуга должна быть обращена больше к человеку, чем к обсуждаемому делу.

— Не нужно слишком поддаваться воздействию их эмоциональности, однако вы должны показать свою заинтересованность в человеческом аспекте переговоров.

— Проявляя твёрдость, обозначьте и свою расположенность.

— Они действуют в основном коллективно, поэтому не выделяйте кого-либо особо. Зависть к чужому успеху — это тоже черта русского характера.

— Выпивайте с ними между встречами, если возможно. Это один из самых лёгких способов «навести мосты».

— Они предпочитают выпивать сидя и часто произносят тосты и короткие речи.

— Они любят похвалу, особенно если это связано с технологическими достижениями России, а также с крупными успехами русского искусства.

— Они любят своих детей больше, чем многие из нас; обменяться с ними фотографиями детей — прекрасный способ установить контакт.

— Они уважают стариков и презирают отношение американцев к пожилым людям. Продемонстрируйте, если это уместно, привязанность к собственной семье.

— Они часто выглядят возбужденными, но хорошо владеют собой.

— У русских очень сильно развито чувство ностальгии — настоящее не имеет власти над их мышлением, как это может быть, например, у многих американцев и австралийцев.

— Они любят поговорить. Не задумываясь, раскройте перед ними свою душу. Русские, как немцы, обожают поговорить по душам.

— То, чего они добились в своей стране, достигнуто главным образом с помощью сложной сети личных отношений: ты — мне, я — тебе. Они не ждут никакой помощи от чиновников.

— Как и немцы, они приходят на встречу без улыбки. Как и немцев, их можно «растопить» проявлением взаимопонимания и искренности.

— Когда они дотрагиваются до собеседника во время разговора — это признак доверия.

(По материалам: Р.Д. Льюис. Советы иностранца. Как вести себя с русскими)

Задания

1 Подтвердите или опровергните утверждения господина Льюиса, основываясь на личном опыте и иной известной вам информации по данной теме.

2 Составьте краткую памятку о том, как вести себя с русскими, используя известные вам средства организации текста (*во-первых, во-вторых* и т. д.).

Фразеологизмы

1. Уязвимое место (чьё-л. или у кого-л.) — слабая сторона кого-л., чей-л. недостаток.

2. (Что-л.) **в характере** (чьём-л.) — что-л. свойственно кому-л.

Выдержать характер — проявить стойкость, не уступить, остаться верным принятому решению.

Задания

1. **Проверьте себя: знаете ли вы значения данных фразеологизмов?**
2. **Найдите эквиваленты данных фразеологизмов в вашем родном языке.**
3. **Составьте предложения с данными фразеологизмами.**

Дискуссия

Выскажите свою точку зрения на предложенные темы (по выбору):

1. Русский характер. (Какие они, русские?)

2. Могут ли влиять размеры территории и климат страны на формирование характера человека, традиции народа?

Используйте: а) материал главы 1 и иную известную вам информацию по теме; б) материал интервью «Кто мы, русские?» (Приложение № 11, Текст 1); в) возможные средства организации текста (см. Таблицу № 1).

Глава 2

✓ Смысловой анализ предложения

Тема: Этнографическое положение России

✓ Способы и средства связи предложений и абзацев текста

Тема: Национальный и религиозный состав населения России

✓ Цитирование

Тема: Православие в жизни русского народа

✓ Интервью

Тема: Надо рубить «окно» на восток

2.1. СМЫСЛОВОЙ АНАЛИЗ ПРЕДЛОЖЕНИЯ

В предложении выделяются **две смысловые** части.

Первая — предмет речи. Это то, **о чём** говорится в предложении.

Вторая часть обозначает то, **что** говорится о предмете речи. Это информационный центр, который располагается обычно в конце предложения.

Кавказ является **местом «стыка» христианского и мусульманского миров.**

↓ предмет речи — ↓ информационный центр

ТЕКСТ 1

РОССИЯ НА СТЫКЕ ЕВРОПЫ И АЗИИ

Комментарий к словам и словосочетаниям

Полонизированный — подвергнутый польскому влиянию (*ополяченный*).

Целостность — *состояние по знач. прил.* **целостный**. *Целостность государства. Территориальная целостность*. Единство, неделимость.

Преобладать — иметь перевес, превосходить по численности, размерам и т. п.; занимать господствующее место, положение. *Среди делегатов преобладали представители интеллигенции.*

Потомки — *мн. ч. -ов* — люди будущих поколений: дети, внуки, правнуки. *Ант.* — **предки**.

Выходец — 1. Пришелец, переселенец из другой страны, края. *Выходец из Европы*. 2. Человек, перешедший из одной социальной среды в другую. *Выходец из рабочего класса.*

Насчитывать — быть, иметься в каком-л. количестве, числе. *В команде насчитывалось более 20 человек.*

Стык — место соприкосновения, граница, грань. *На стыке двух улиц.*

Оседлый — живущий на одном постоянном месте. *Оседлые племена. Оседлый образ жизни.*

Земледелец — тот, кто занимается земледелием; крестьянин.

Пастбище — место, где пасётся скот.

Коренной — *здесь:* исконный, основной, постоянный (о жителях определённой местности, представителях определённой среды). *Коренное население. Коренные жители.*

Полезные ископаемые — то, что добывается из недр Земли и используется в производстве.

Исчезнуть с лица Земли — перестать существовать на Земле.

Предтекстовые задания

1 **Слушайте слова и словосочетания и в паузах записывайте их, ставя ударение.**

....

....

....

....

....

....

2 **Составьте предложения со словосочетаниями из Задания 1.**

3 **Объясните значения предложенных выражений.**

- Относиться к разным «культурным мирам».
- Католический мир.
- Православный «балканский мир».
- Кавказ — место «стыка» христианского и мусульманского миров.
- Территория с «неблагоприятными» природными условиями.
- Россия — «кладовая природных ресурсов».

Задания к тексту

1 Прочитайте текст и озаглавьте его. Скажите, что нового вы узнали о регионах, упомянутых в тексте.

Часть 1

Чтобы глубже понять специфику этнических процессов и проблемы межнациональных отношений в России, необходимо рассмотреть нашу страну на более широком фоне. Наибольшее значение для России имеет её ближайшее окружение.

Территория бывшего Советского Союза, расположенная на стыке Европы и Азии, относилась культурологами к разным «культурным мирам» (или даже к разным цивилизациям).

В западных частях бывшего СССР, несомненно, преобладало европейское влияние.

Эстония и Латвия (ранее находившиеся под властью немцев, а затем — до XVIII в. — шведов) представляли собой своего рода «продолжение» протестантской Северной Европы. Литва, западные части Беларуси и Украины, долгое время принадлежавшие Польше (и в определённой мере полонизированные), — продолжение «католического мира». Православная Молдова, исторически и культурно связанная с Румынией, — продолжение православного «балканского мира».

Такой сложный регион, как Кавказ, образующий самостоятельную целостность на карте мира, в то же время сильно связан с древней Передней Азией, Ближним и Средним Востоком: им владели римляне, парфяне, византийцы, турки, персы и лишь с XIX в. — русские.

Кавказ — место «стыка» христианского и мусульманского миров, при численном преобладании последнего. Из всех народов Кавказа христианами являются армяне, грузины и осетины, почти все остальные — мусульмане.

Интерес современного Ирана к нынешнему независимому Азербайджану определяется, в частности, тем, что из 17 млн. азербайджанцев более половины живет в Иране. Для Турции важна судьба грузин-мусульман (в Аджарии), а также очень близких к ним по языку и культуре азербайджанцев (турецкий и азербайджанский языки мало отличаются друг от друга). Турция традиционно поддерживала кавказских горцев.

Именно в Турцию эмигрировали сотни тысяч абхазов, шапсугов, черкесов и представителей других кавказских народов (а также сотни тысяч крымских татар).

Часть 2

Центральная Азия — место встречи столь разных культур, как парфянская и тюркская, арабская и китайская, иранская и монгольская и многих других. Здесь преобладает мусульманская религия (и относительно небольшие православные общины русских). На этой территории всегда взаимодействовали **культуры оседлых земледельцев (их потомки — большая часть таджиков и узбеков) и кочевников (туркмены, киргизы, казахи)**. Здесь проживает и немного китайцев (дунгане — китайцы-мусульмане), и белуджей (выходцев из Белуджистана — на стыке Ирана, Афганистана и Пакистана). Также много немцев (высланных в 1941 г. с территории европейской части России, из Украины и Прибалтики), на юге — узбеки, дунгане, уйгуры (тюркский народ, основная часть которого живёт на западе Китая) и др.

Крайний Север России иногда называют **частью «четвёртого мира»**. Иными словами — это край народов, образ жизни которых связан с охотой, рыболовством или с пастбищным оленеводством. Всего в России насчитывается 26 таких народов, общей численностью 180 тыс. человек.

Эти народы проживают на территориях с «неблагоприятными» природными условиями. Для ненцев, коренных жителей этого района, это именно та природа, к которой они приспособились в течение многих веков.

В настоящее время Крайний Север для хозяйства России выполняет **функции «кладовой природных ресурсов»**, прежде всего полезных ископаемых. Отсюда поступает большая часть нефти и газа, все алмазы, золото, много других цветных металлов. Промышленное освоение территории разрушает **природную основу жизни этих народо**в: губит оленьи пастбища, места рыбной ловли. В связи с этим очень острой проблемой является **охрана природной среды в этих районах** — иначе малые народы просто исчезнут с лица Земли.

2 Прочитайте предложения и вопросы к ним. Обратите внимание, как формулируется вопрос к предложениям такого типа.

• Кавказ — сложный регион, образующий самостоятельную целостность на карте мира. **Что такое Кавказ?**

• Молдова, исторически и культурно связанная с Румынией, — продолжение православного «балканского мира». **Почему Молдова** — продолжение православного «балканского мира»?

• В западных частях бывшего СССР, несомненно, преобладало европейское влияние. **Какое влияние преобладало** в западных частях бывшего СССР?

3 Прочитайте предложения. Найдите в них информационные центры.

Территория бывшего Советского Союза, расположенная на стыке Европы и Азии, относилась культурологами к разным «культурным мирам» (или даже к разным цивилизациям).

Литва, западные части Беларуси и Украины, долгое время принадлежавшие Польше (и в определённой мере полонизированные), — продолжение «католического мира».

Турция традиционно поддерживала кавказских горцев. Именно в Турцию эмигрировали сотни тысяч абхазов, шапсугов, черкесов и представителей других кавказских народов (а также сотни тысяч крымских татар).

4 Ответьте на вопросы, используя текст Задания 3.

1. Почему территорию бывшего Советского Союза относят к разным «культурным мирам»?
2. Каким образом Литва, западные части Беларуси и Украины являются продолжением «католического мира»?
3. Почему именно в Турцию эмигрировали сотни тысяч кавказцев?

5 Прочитайте вторую часть текста. Поставьте вопросы к выделенным частям предложений (информационным центрам). Запишите вопросы и ответы.

Дискуссия

Выскажите свою точку зрения на тему *«Россия — больше азиатская или европейская страна?»*. Пользуйтесь материалами Главы 1 и иной известной вам информацией.

Фразеологизмы

1. От природы — от рождения, с начала существования.

В природе вещей — о чём-л., происходящем и бывающем обычно.

На лоне природы — на открытом воздухе, среди природы.

2. Стереть с лица Земли (кого-л., что-л.) — уничтожить, истребить.

Задания

1. Проверьте себя: знаете ли вы значения данных фразеологизмов?

2. Найдите эквиваленты данных фразеологизмов в родном языке.

3. Составьте предложения с данными фразеологизмами.

ТЕКСТ 2

ГЕРБ РОССИИ

Комментарий к словам и словосочетаниям

Герб — отличительный знак государства, города, сословия, рода и т. п., изображаемый на флагах, монетах, печатях и т. д.

Утраченный — *прич.* от: **утратить** — потерять что-л., лишиться чего-л. *Утраченные возможности. Утраченные иллюзии. Ант.*: **приобретённый.**

Повсюду — везде, всюду, повсеместно.

Парить — лететь на неподвижно распростёртых крыльях.

Значительность — *сущ. по знач. прил.* **значительный**: 1. Важный, существенный, имеющий силу, вес. 2. Большой по размерам, численности, силе. *Подчеркнуть значительность происходящих событий.*

Предостережение — 1. *Действие по знач. глаг.* **предостеречь / предостерегать**. 2. То, что предостерегает от чего-л., предупреждение. *Это будет предостережением для других.*

Истолкование — 1. *Действие по знач. глаг.* **истолковать / истолковывать**. 2. Объяснение какого-л. явления, основанное на определённом его понимании; интерпретация. *Вы не так истолковали (поняли) мои слова.*

Ментальность (менталитет) — склад ума, мировосприятие, психология.

Восходящий — *прич.* от **восходить**: ведущий своё происхождение от чего-л.

Держава — независимое государство, ведущее самостоятельную политику. *Великая держава.*

Двуглавый орёл — геральдическое изображение орла с двумя головами на государственном гербе России.

Евразийская — *прил.* к **Евразия** (с прописной буквы): термин, употребляемый для обозначения материкового единства Европы и Азии.

Предтекстовые задания

1. Запишите слова под диктовку. Подчеркните одной чертой букву, произносимую как твёрдый [л], двумя чертами — букву, произносимую как мягкий [л']. Прочитайте.

....

....

....

....

....

2. К выделенным словам (Задание 1) подберите синонимы. Используйте слова для справок.

Слова для справок: помогать, важность, лишь, исключительно, указывать, трактовка, удаваться, различаться, существенность, интерпретация, единственно, выделяться.

3. Употребите слова, данные в скобках, в нужной форме.

1. Орёл символизирует, во-первых, (*ориентация*) государства на высокий и гордый полёт. 2. Во-вторых, указывает на значительность в (*мировое сообщество*). 3. Россия является (*евразийская держава*). 4. За тысячу лет своего (*существование*) с момента (*принятие христианство*) в 988 году Россия создала некую третью ментальность. 5. Нет города, который символизировал бы только (*азиатский*) ментальность русских. 6. Византийский Восток, (*древняя цивилизация, Индия, Египет и Греция*) — вот, пожалуй, куда направлена вторая голова орла на (*российский герб*).

Задания к тексту

1 Прочитайте текст. Расскажите, что нового вы узнали о гербе России.

Герб России — это на некоторое время утраченный и вновь обретённый двуглавый орёл, которого мы обнаруживаем теперь повсюду, даже на монетах. Что он символизирует?

Орёл сам по себе — это одно значение, двуглавость орла — это ещё одно значение. Во-первых, орёл — птица гордая и хищная, вызывающая уважение, во-вторых, это птица, которая парит высоко.

Следовательно, символ, который мы видим на российском гербе, как минимум, двузначен.

Первое значение — это символизируемая орлом ориентация государства на высокий и гордый полёт, на значительность в мировом сообществе. Весьма возможно, что есть в этом символе и предостережение (на всякий случай) — с такой птицей воевать опасно.

Второе значение — это две головы орла, и принято считать, что одна из них смотрит на запад, другая — на восток. Это достаточно сложное значение, и одно из его толкований таково: Россия является евразийской державой, поскольку территория России располагается сразу в двух частях света: в Европе и в Азии.

Возможно и такое толкование: вместо двух «и» (*и* Европа, *и* Азия) можно поставить «не»: *не* Европа, *не* Азия. Тогда получается, что за тысячу лет своего существования с момента принятия христианства в 988 году Россия создала некую третью ментальность, т. е. особый строй мысли и национальную психологию, которая отличается как от европейской, так и от азиатской.

Итак, есть две возможности истолкования «двуглавости» орла на российском гербе. Какое же всё-таки выбрать? Думается, что нам помогут в этом ещё два символа — это два города, которые являлись (а один из них и сейчас является) столицами России. Петербург, как символ европейской России, и Москва, как символ собственно русской (восходящей к византийской культурной традиции) ментальности. И нет города, который бы символизировал только азиатскую ментальность русских. Получается, что две головы орла смотрят не на Восток и Запад, а на Европу и Византию, которой уже нет. Может быть, и так. Московский купец Афанасий Никитин в средние века посетил Индию, и русский художник Рерих творил там уже в нашем веке. Византийский Восток, древние цивилизации Индии, Египта и Греции — вот, пожалуй, куда направлена вторая голова орла на российском гербе.

(По материалам: Е.Ф. Киров. Символы русской культуры)

2. Составьте предложения, используя конструкции: «*Что* — это *что*?», «*Что* символизирует *что*?», «*Что* отличается *от чего*?».

3. Выпишите данные в тексте варианты символического толкования герба России — двуглавого орла.

4. Выскажите свою точку зрения о символике герба России. Какое из толкований кажется вам правильным? Почему?

5. Опишите герб вашей страны. Что он символизирует?

Фразеологизмы

Восходящая линия родства — линия родства, ведущая к старшему поколению, от потомков к предкам.

Восходящее светило, восходящая звезда — о человеке, начинающем приобретать славу, известность в какой-л. области.

Задания

1. Проверьте себя: знаете ли вы значения данных фразеологизмов?

2. Найдите эквиваленты данных фразеологизмов в родном языке.

3. Составьте предложения с данными фразеологизмами.

ТЕКСТ 3

ИЗ ИСТОРИИ ГОСУДАРСТВЕННОГО ФЛАГА РОССИИ

Комментарий к словам и словосочетаниям

Флаг — прикреплённое к древку (или шнуру) полотнище различной формы и окраски, являющееся знаком, символом чего-л. *Государственный флаг. Поднять флаг.*

Знак — предмет, изображение, метка и т. п., служащие для обозначения чего-л., указание на что-л. *Опознавательные знаки.*

Указ — распоряжение, постановление верховного органа власти, имеющее силу закона. *Указ Президента.*

Хоругвь — *церк.*: полотнище с изображением Христа или святых.

Лик — 1. *Устар.*: лицо. // Изображение лица (на старинных портретах, иконах). *Лики святых.* 2. *Перен.*: внешний вид, облик; внешние очертания. *Лик Земли всегда переменчив.*

Недостижимый — такой, которого нельзя достигнуть, добиться; недоступный. *Недостижимая мечта.*

Поправка — изменение, дополнение, исправляющее что-л.; исправление. *Внести поправки в реферат.*

Предтекстовые задания

1 **Спишите. Подчеркните одной чертой буквы, произносимые как твёрдый [т], двумя чертами — буквы, произносимые как мягкий [т']. Прочитайте.**

Считать, поднимать, флот, царствование, культура, использовать, традиционный, божественный, содержать, недостижимый, поднять, триколор, нетронутый, император, означать, парламент.

2 **Образуйте словосочетания, поставив слова в скобках в нужном падеже.**

Образец: коснуться *чего?* (интересы) — *коснуться интересов*

использовать *для чего?* (флаг) ....
наполнять *чем?* (содержание) ....
увлекаться *чем?* (традиции) ....
коснуться *чего?* (цвет) ....
объединить *кого?* (рабочие) ....
выступить *против чего?* (эксплуатация) ....
принять *что?* (поправка) ....

3 **Составьте словосочетания с предложенными словами.**

Флаг, указ, национальный, эксплуатация, империя, символ.

Задания к тексту

1 **Прочитайте текст. Какую дату принято считать днём рождения государственного флага России? Почему?**

Днём рождения государственного флага России можно считать 20 января 1705 года, когда был издан указ Петра I, обязывающий поднимать этот флаг на всех российских кораблях.

До Петра I Российское государство жило без национального флага. Тогда символами единства народа были Бог и царь. Тогда ещё не было особой необходимости в таком объединяющем народ знаке, как национальный флаг.

Причина, по которой национальный флаг стал необходим, — это появление русского флота. Случилось это ещё во время царствования отца Петра I — Алексея Михайловича, который приказал использовать для флагов ткань трёх цветов — белого, лазоревого (светло-голубого) и красного. Но у флага тогда не было точного рисунка, и он ещё не был национальным российским флагом.

Часто спорят, почему именно эти цвета выбрал Алексей Михайлович для русского флага. Ответа здесь просто нет. Цвета, как известно, сами по себе ничего не означают, и разные народы один и тот же цвет наполняют разным содержанием с учётом своих традиций, культуры.

Белый, синий и красный цвета чаще других использовались в России. В традиционном русском костюме больше всего именно белого, синего и красного. К моменту, когда над флагом начал работать Пётр I, вокруг этих цветов уже сложилась народная легенда. Считалось, что белый цвет — божественный, недостижимый, синий — небесный, духовный, красный — земной, человеческий. Или по-другому: вера (белый), надежда (синий), любовь (красный).

Конечно, Пётр I знал о таком поэтическом «объяснении» русского триколора. Поэтому он оставил его нетронутым и на всех своих рисунках флага всегда ставил белый цвет выше всех, затем синий и в самом низу красный. Петровский национальный флаг России получил название «бесик».

Некоторые потомки Петра были слишком увлечены немецкими традициями и поэтому старались перенести их на российскую почву. Это коснулось и национального флага. **Император Александр II утвердил в 1858 году новый Государственный флаг России — чёрно-жёлто-белый.** Но этот флаг просуществовал очень недолго, так как чёрный и жёлтый цвета в сознании русского народа были «немецкими», а кроме того, чёрный цвет в России — это цвет траура. Уже при новом императоре — Александре III — вышел указ, который утверждал «бесик» государственным флагом России.

Однако октябрьская революция 1917 года заменила флаг России на красное знамя — символ Интернационала. Красный флаг тогда не имел «национальности». Он объединял рабочих разных стран в борьбе за свои права, против эксплуатации. Под этим флагом на месте прежней империи возникло новое государство — Советский Союз.

Осенью 1991 года парламент новой России принял поправку к Конституции Российской Федерации, по которой бело-сине-красный флаг Петра I снова стал государственным флагом России, а в самом конце того же года «бесик» был поднят над Кремлём.

(По материалам: Виталий Абрамов.
Русское трёхцветье: вера, надежда, любовь // Аэрофлот, 2000. №№ 2–3)

2 **Найдите информационные центры в выделенных предложениях.**

3 Отметьте знаком «+» те высказывания, которые соответствуют содержанию статьи.

1. Днём рождения государственного флага России считается 20 января 1775 года.

2. Государственный флаг России существовал ещё до императора Петра I.

3. Появление русского флота — причина, по которой национальный флаг стал необходим.

4. Трёхцветные флаги стали появляться при царе Алексее Михайловиче — отце Петра I.

5. Рисунок (последовательность цветов) российского флага (белого, светло-голубого и красного) предложил Пётр I.

6. Новый государственный чёрно-жёлто-белый флаг России, который утвердил император Александр II, просуществовал очень долго.

7. Октябрьская революция 1917 года заменила государственный чёрно-жёлто-белый флаг России на красное знамя — символ Интернационала.

8. Осенью 1991 года бело-сине-красный флаг Петра I снова стал государственным флагом России.

4 Подготовьте выступление об истории государственного флага и герба вашей страны.

Фразеологизмы

1. Знаки отличия — ордена, медали и др. награды.

Знаки различия — значки, нашивки, погоны и пр. на форменной одежде, служащие для обозначения звания, рода службы, ведомства и пр.

Подать знак — дать знать, предупредить с помощью какого-л. сигнала.

В знак чего-л. (согласия, примирения, любви и т. д.) — в качестве свидетельства, доказательства чего-л.; показывая, обнаруживая что-л.

В знак памяти — на память.

2. Не указ (кому-л.) — то (тот), что (кто) не может являться авторитетом для кого-л.

Задания

1. **Проверьте себя: знаете ли вы значения данных фразеологизмов?**
2. **Найдите эквиваленты данных фразеологизмов в родном языке.**
3. **Составьте предложения с данными фразеологизмами.**

ТЕКСТ 4

ГИМН РОССИИ

Комментарий к словам и словосочетаниям

Священный — 1. *Рел.:* обладающий святостью, признаваемый божественным. 2. Глубоко чтимый, дорогой, заветный. 3. Благородный, чистый, возвышенный; освящённый высокой целью.

Достоянье — имущество, собственность. // *Перен.:* то, что безраздельно принадлежит кому-л.

Хранимый — оберегаемый.

Славить(-ся) (*пов. накл. ед. ч.* — **славься)** — 1. Восхвалять, прославлять. 2. Чествовать песнями, петь кому-л. славу.

Грядущий — 1. Наступающий, будущий; приближающийся. *Грядущие поколения.* 2. *В знач. сущ., высок.:* **грядущее** — будущее. *Смотреть в грядущее смело.*

Верность — *свойство по прил.* **верный**: преданный, надёжный.

Задания к тексту

1. **Прочитайте гимн России. Расскажите, кого и что он прославляет.**

Россия — священная наша держава,
Россия — любимая наша страна.
Могучая воля, великая слава —
Твоё достоянье на все времена!

Припев:
Славься, Отечество наше свободное,
Братских народов союз вековой,
Предками данная мудрость народная!
Славься, страна! Мы гордимся тобой!

От южных морей до полярного края
Раскинулись наши леса и поля.
Одна ты на свете! Одна ты такая —
Хранимая Богом родная земля!

Припев.

Широкий простор для мечты и для жизни
Грядущие нам открывают года.
Нам силу даёт наша верность Отчизне.
Так было, так есть и так будет всегда!

Припев.

◇2 **Выпишите из текста словосочетания, характеризующие Россию. Какие чувства они передают?**

◇3 **Знаете ли вы наизусть гимн вашей страны? Что говорится в нём о вашей стране?**

Фразеологизмы

Во славу (кого-л., чего-л.) — для прославления кого-л., чего-л.
На славу — очень хорошо.
Петь славу (кому-л., чему-л.) — прославлять, воспевать кого-л., что-л.

Задания

◇1 **Проверьте себя: знаете ли вы значения данных фразеологизмов?**

◇2 **Найдите эквиваленты данных фразеологизмов в родном языке.**

◇3 **Составьте предложения с данными фразеологизмами.**

2.2. СПОСОБЫ И СРЕДСТВА СВЯЗИ ПРЕДЛОЖЕНИЙ И АБЗАЦЕВ ТЕКСТА

Абзац — 1. Отступ в начале строки текста; красная строка. 2. Законченная по смыслу часть текста между двумя отступами.

Обычно абзац состоит из предложения, выражающего основную мысль, и части, в которой эта мысль разъясняется.

Между предложениями текста существует смысловая связь. Изучите Таблицу 2, обратите внимание на типы смысловых отношений между предложениями и способы их выражения.

Более подробно см. Приложение № 2.

Таблица № 2

Смысловые отношения между предложениями	Средства организации связного текста
Отношение тождества: употребление слов-заместителей ключевых слов, повторы	или, то есть, иначе говоря, точнее говоря, подобным образом; так называемый...
Присоединение и соединение частей текста	и, также, при этом, вместе с тем, кроме того, более того, кстати, между прочим, впрочем, к тому же...
Сопоставление и противопоставление частей текста	с одной стороны, с другой стороны, наоборот, напротив; как..., так и...; но, однако; не только..., но и...; а, зато, иначе, так, так же, точно так, следующим образом, аналогично, тогда как, в противоположность этому...

Продолжение табл. № 2

Смысловые отношения между предложениями	**Средства организации связного текста**
Причинно-следственные отношения между частями текста	поэтому, отсюда, так, тем самым, в результате, значит, следовательно, в силу этого, ввиду того, вследствие этого, в зависимости от этого, в таком случае, в этом случае, благодаря этому, в связи с этим...
Пояснение-иллюстрация, уточнение, выделение частного случая	например, так, только, именно...; даже, лишь, другими словами, иначе говоря, в частности...
Целевые отношения	чтобы, с целью, для этого, во имя этого, ради этого, в целях...
Оценка степени достоверности информации	разумеется, конечно, безусловно, очевидно, действительно, в самом деле, видимо...
Связь с предыдущей информацией	как указывалось, как было показано, как указывалось выше, как отмечалось, согласно сказанному, в соответствии с этим, предыдущий, следующий...

ТЕКСТ 1

НАЦИОНАЛЬНЫЙ И РЕЛИГИОЗНЫЙ СОСТАВ НАСЕЛЕНИЯ РОССИИ

Комментарий к словам и словосочетаниям

Рассеянный — *здесь*: разбросанный на большом пространстве, редкий. *Рассеянное население.*

confessio **Исповедовать** — *только несов.*: открыто следовать какой-л. религии, учению, убеждению и т. п. *Люди, исповедующие разные религии, должны жить в согласии.*

Ареал — область распространения на земной поверхности какого-л. явления, видов животных, растений, полезных ископаемых и т. п. *Ареал вечной мерзлоты.*

Массив — большое пространство, однородное по каким-л. географическим признакам. *Лесной массив. Жилищный массив.*

Ассимилировать — уподобить / уподоблять себе, превратить / превращать в себе подобное. *Эти народы давно ассимилировались с местным населением.*

Верование — 1. Убеждение, вера. 2. *Мн. ч.* — верования, *-ий:* религиозные представления кого-л.; содержание той или иной веры. *Верования древних славян.*

Атеист — последователь атеизма, отрицающий существование бога, отказывающийся от религиозных верований; неверующий.

Предки (*ед. ч.* предок) — *перен.*: поколения, жившие задолго до настоящего времени. *Здесь сражались когда-то наши предки.*

Совокупность — сочетание, общая сумма, общее количество чего-л. *Совокупность фактов.*

Ущемить / ущемлять (права) — ограничить чьи-л. возможности, права и т. п.

«Титульная» нация — население, по имени которого дано название области, республике, стране и пр.

«Раствориться» в этносе — стать незаметным, потеряться среди кого-л., чего-л., исчезнуть.

Предтекстовые задания

1. Слушайте слова и в паузах записывайте их, ставя ударение.

....

....

....

2. Прочитайте слова. Обратите внимание на произношение удвоенных согласных.

Россия, русский, россиянин, рассеянный, массив, буддизм, многочисленный, военный, численность, ассимиляция, рассредоточенность, группировка, определённый.

3 Употребите глаголы-сказуемые, данные в скобках, в соответствующей форме. Соблюдайте согласование сказуемого с подлежащим.

1. 56 % населения России (**исповедовать**) православную религию.

2. Православные осетины – потомки скифов, сарматов и аланов – (**жить**) в самом центре Кавказа.

3. Иудаизм (**распространиться**) незначительно, главным образом среди евреев крупных городов в Европейской России.

4. Татары (**составлять**) наиболее многочисленную группировку исламских народов.

5. Религия (**играть**) важную роль в истории и культуре России, в формировании её государственности.

Задания к тексту

1 Прочитайте и перескажите текст.

Мы — многоэтнический народ. Точнее, в России 176 этнических групп и народов. Русские составляют 79,8 % всех жителей страны, ещё 13,5 % приходится на другие восточнославянские народы (украинцы — 2,9 млн. и белорусы — 0,8 млн.). **Предположительно**, около 40 % населения России исповедуют православную религию.

Самый крупный народ России после русских — татары: их 5,6 млн. человек (в 2002 г.), из которых в самой республике Татарстан проживает 1,8 млн., 1,1 млн. — в соседнем Башкортостане, а остальные рассеяны по территории Урало-Поволжья и Сибири. Вместе с башкирами (1,7 млн.) татары составляют наиболее многочисленную группировку исламских народов, расположенную почти в центре России, недалеко от северной границы мусульманского ареала Центральной Азии и Казахстана, где языки большинства народов (тюркские) очень близки к татарскому и башкирскому.

Другой массив мусульманских народов в пределах России — на Северном Кавказе. Здесь исповедуют ислам все народы, говорящие на кавказских языках (черкесы, адыгейцы, кабардинцы, ингуши, чеченцы, аварцы, даргинцы, лезгины, лакцы и др.). **Кстати**, из них наиболее многочисленны чеченцы — около 1,4 млн., а также все тюркские народы: балкарцы, карачаевцы, ногайцы, кумыки. Последних более всего — более 400 тыс. **В результате** общая численность мусульманских народов достигает более 15 млн. человек.

Православные осетины (потомки скифов, сарматов и аланов) живут в самом центре Кавказа, образуя **так называемый** «христианский коридор» из русских районов России в Грузию и Армению через мусульманские горские народы. Из 500 тыс. осетин около 1/3 ещё недавно проживало на южных склонах Кавказа (в Южной Осетии), **но** после осетино-грузинского военного конфликта значительная часть их переехала в Северную Осетию.

На территории России, кроме христианства и ислама, исповедуется **также** буддизм (0,7 % населения). **С одной стороны,** его исповедуют говорящие на монгольских языках буряты и калмыки, а **с другой стороны,** тюркоязычные тувинцы. Иудаизм распространён незначительно, главным образом среди евреев крупных городов в Европейской России (общая численность евреев в России в 1989 г. составляла 537 тыс. человек, **но** за счёт интенсивной эмиграции с тех пор эта цифра значительно сократилась — до 260 тыс.).

Вместе с тем, православную религию исповедуют и народы, говорящие на финских языках. Это жители Севера европейской части и Урало-Поволжья (их общая численность — около 3 млн. человек: карелы, коми, коми-пермяки, удмурты, марийцы, мордва – самый крупный, более 800 тыс. человек). В отличие от тюркских народов представители финно-угорской языковой группы довольно легко ассимилировались с русскими (чему способствовали их ранняя христианизация, а также рассредоточенное расселение – села этих народов часто располагаются среди русских сёл).

Особенно рассредоточена этническая территория мордвы: лишь 1/3 её живет на территории Мордовии. Остальное население Мордовии – в основном русские, немного татар и чувашей. Ещё меньше доля «титульной» нации в Карелии: там карелы составляют лишь 10 % всех жителей. **Кроме того,** численность карелов и мордвы в последние десятилетия сокращалась за счёт ассимиляции («растворения» в русском этносе).

На севере Сибири и на Дальнем Востоке часть населения (чукчи, эскимосы, коряки, часть ненцев, хантов и другие) придерживаются традиционных верований, которые тесно связаны с их повседневным бытом и занятиями, с окружающей природой.

Конечно, доля активно верующих людей, регулярно посещающих храмы и исполняющих основные религиозные обряды, в населении страны пока невелика и вряд ли превышает 20 %. В последнее десятилетие наблюдается значительное усиление интереса к религии. Это не случайно. Религия сыграла важную роль в истории, культуре России, в формировании её государственности. **Поэтому** даже те, кто считают себя атеистами, по рождению, по религии своих предков принадлежат к определённой религиозно-культурной традиции — совокупности обычаев и обрядов, идей и ценностей, норм поведения, имеющих в том числе и глубокие религиозные корни, составляющих основу самосознания каждого человека и народа.

Рассредоточенность многих народов по территории России (когда значительная их часть живёт за пределами основного этнического ареала) и общая «перемешанность» населения делают почти невозможным выделение «чистых» в этническом отношении территорий. **Отсюда** следует очень важный вывод для государственного устройства России: все виды национальных автономий на её территории должны иметь «мягкий» характер и ни в коем случае не ущемлять права представителей любого из народов, проживающих на территории автономных образований. **Безусловно**, в перспективе большую роль в России должны играть не территориальные, а национально-культурные автономии.

2 **Выпишите из каждого абзаца предложения, определяющие их основную мысль.**

3 **Опираясь на Таблицу № 2, укажите, какие смысловые отношения между предложениями выражают выделенные в тексте средства связи.**

4 **Восстановите пропущенные средства связи. Используйте слова для справок.**

... в России наблюдается усиление интереса к религии, доля верующих людей, регулярно посещающих храмы, невелика. Это не случайно. Религия сыграла важную роль ... в истории, культуре России, ... в формировании её государственности. ... даже те, кто считают себя неверующими, ... атеистами, принадлежат к определённой религиозно-культурной традиции.

Слова для справок: хотя; не только, но и; поэтому; то есть.

5 **Соедините предложения в тексте, используя известные вам средства связи. Укажите смысловые отношения между предложениями. Используйте слова для справок.**

В России выделение «чистых» в этническом отношении территорий весьма проблематично. Значительная часть народов живёт за пределами основного этнического ареала. Очень активна миграция населения. Все виды национальных автономий на территории России должны иметь «мягкий» характер, не ущемлять права любого из народов, проживающих на территории автономных образований. В перспективе большую роль в России должны играть не территориальные, а национально-культурные автономии.

Слова для справок: с одной стороны, с другой стороны, поэтому, в связи с этим.

Фразеологизмы

1. **Верой и правдой (служить)** — честно, преданно.

Принять на веру — признать что-л. истинным, не требуя доказательств.

2. **Национальное меньшинство** — национальность, представляющая по численности меньшинство в сравнении с основной массой населения страны.

Задания

1 **Проверьте себя: знаете ли вы значения данных фразеологизмов?**

2 **Найдите эквиваленты данных фразеологизмов в вашем родном языке.**

3 **Составьте предложения с данными фразеологизмами.**

Это интересно

Национальный состав населения России (в %, по расчётным данным Института народнохозяйственного прогнозирования РАН на 1999 г.):

Таблица № 3

Русские	80,54	Башкиры	1,01	Немцы	0,40
Татары	3,98	Белорусы	0,79	Удмурты	0,50
Украинцы	2,94	Мордва	0,70	Прочие	7,16
Чуваши	1,25	Чеченцы	0,74		

Задания

1. **Прокомментируйте Таблицу № 3. Пользуйтесь информацией из Текста 1.**

2. **Расскажите о национальном составе населения вашей страны. Является ли ваша страна многоэтнической?**

ТЕКСТ 2

ОСНОВНЫЕ ЭТАПЫ ФОРМИРОВАНИЯ РЕЛИГИОЗНОЙ КАРТЫ РОССИИ

Комментарий к словам и словосочетаниям

Способствовать — оказывать содействие, помогать. *Способствовать успеху.*

Преподобный — эпитет монахов и пустынников, считающихся святыми.

Приверженец — сторонник, последователь кого-л., чего-л. *Приверженец всего прогрессивного.*

Консолидация — сплочение, объединение. *Консолидация демократических сил.*

Жертва — 1. Предмет или живое существо (обычно убиваемое), приносимое в дар божеству по обрядам некоторых религий. 2. Добровольный отказ, отречение в пользу кого-л., чего-л.; самопожертвование. 3. О том, кто пострадал или погиб от какого-л. несчастья, стихийного бедствия и т. п. *Пожар с человеческими жертвами.* // О том, кто подвергся страданиям, неприятностям и т. п. вследствие чего-л. *Он — жертва клеветы.*

Монотеистическая религия — религия, признающая одного Бога.

Оседлый образ жизни — связанный с жизнью на одном постоянном месте.

Предтекстовые задания

1 Слушайте слова и в паузах записывайте их, ставя ударение.

....

....

....

....

2 Замените данные словосочетания синонимичными глаголами.

Принимать участие, проявить интерес, приносить жертву, положить начало.

Задания к тексту

1 Прочитайте текст «Религии России». Раскройте смысл его названия.

В 988 г. в Киеве произошло событие, зафиксированное в летописях как Крещение Руси — официальное принятие христианства на Руси.

В 1054 г. произошло разделение единой христианской церкви на восточную (православие) и западную (католицизм; в XVI в. из католицизма выделился протестантизм). Сегодня Россия — самое крупное православное государство в мире; около 90 % её населения составляют этносы, традиционно исповедующие православие. Русская Православная Церковь последовательно выступала за единство страны. Она принимала активное участие в освоении новых территорий. Распространение православия способствовало и распространению культуры — книжности, издательского дела, образования и грамотности, развитию строительства и сельского хозяйства.

Важными центрами православной культуры всегда были монастыри, которые нередко имели важное политическое и оборонное значение. Расцвет монастырского строительства приходится на XIV–XVI вв. и связан с именем наиболее почитаемого русского святого преподобного Сергия Радонежского.

Благодаря активности учеников преподобного Сергия, богатым вкладам и помощи московских князей монастырское строительство распространилось на обширные земли за Волгой. Уже в XV в., продвигаясь по рекам и озёрам, монахи-миссионеры вышли на берега Белого моря.

Вторая по числу приверженцев религия России — ислам. Ещё в 922 г. в качестве государственной религии его приняла Волжская Болгария, государство, существовавшее вплоть до монгольского завоевания на территории современной Татарии и Самарской области. Сюда это вероисповедание пришло по торговым путям из Багдадского халифата. Так возник Урало-Поволжский ареал ислама. Он непосредственно граничит с территорией Центральной Азии, населённой родственными по языку и религии народами, и поэтому может рассматриваться как северная часть единого мусульманского мира. Принятие ислама на Северном Кавказе продолжалось почти тысячу лет. Первыми, в результате арабского завоевания, в VII в. ислам приняли народы Дагестана. Позднее, только в XVIII — начале XIX в., он окончательно утвердился среди адыгских народов Западного Кавказа (адыгейцев, черкесов, кабардинцев и других), а также балкарцев, карачаевцев, вайнахов (чеченцев и ингушей).

Буддизм проник на территорию Русского государства последним из мировых религий. В XVII–XVIII вв. в Забайкалье (современная Бурятия, Агинский автономный округ Читинской области) и в XVIII–XIX вв. в Туву. Это вероисповедание принесли ламы-миссионеры из Монголии и Тибета. Принятие новой веры способствовало этнической консолидации бурятского и тувинского этносов, переходу части населения регионов к оседлому образу жизни, развитию национальной культуры. Тувинцы — единственный тюркоязычный этнос, исповедующий буддизм.

В начале XVII в. часть монголов — предков нынешних калмыков — откочевала на запад в пределы России. У себя на родине они с XVI в. уже приняли буддизм. Так в Европе появился первый и единственный этнос, исповедующий буддизм.

Буддизм, проникая на новые территории, постепенно впитывал в себя традиционные верования проживавших там народов. Поэтому в разных регионах он имеет свои особенности. Сохраняется поклонение местным богам, бурханам — духам предков и духам природы (гор, лесов, озёр, рек). В священных местах им приносятся умиротворяющие жертвы – оставляются мелкие монеты, пища, на ветви деревьев повязываются лоскутки ткани.

К числу древнейших монотеистических (признающих одного Бога) религий относится иудаизм. Среди его приверженцев почти исключительно представители еврейского этноса. В связи с этим иудаизм часто называют национальной религией — в отличие от мировых, которые исповедуют разные народы. География этого вероисповедания в России тесно связана с расселением евреев: это в основном крупные города, значительные культурные и научные центры.

2 **Перечитайте текст. Сократите его, исключив лишние, на ваш взгляд, предложения, абзацы. Запишите полученный вариант.**

3 **Закончите предложения, используя материал текста.**

1. Русская Православная Церковь последовательно выступала ... .
2. Важными центрами православной культуры всегда были ... .
3. Принятие ислама на Северном Кавказе продолжалось ... .
4. Буддизм проник на территорию Русского государства ... .
5. Буддизм, проникая на новые территории, постепенно впитывал в себя ... .
6. К числу древнейших монотеистических (признающих одного Бога) религий ... .
7. Иудаизм часто называют национальной религией – в отличие от мировых, которые ... .

4 **Письменно ответьте на вопрос: Каковы основные этапы формирования религиозной карты России?**

Дискуссия

Выскажите свою точку зрения по предложенным темам:
1. Основные религии на территории России.
2. Основные религии мира.

Фразеологизмы

Принести в жертву (чему-л.) — сделать что-л. во имя чего-л.
Принести в жертву (что-л.) — отказаться от чего-л., пожертвовать чем-л.
Пасть жертвой (чего-л.) — погибнуть от чего-л. или во имя, ради чего-л.

Задания

1. **Проверьте себя: знаете ли вы значения данных фразеологизмов?**
2. **Найдите эквиваленты данных фразеологизмов в родном языке.**
3. **Составьте предложения с данными фразеологизмами.**

2.3. ЦИТИРОВАНИЕ (ЦИТАТЫ)

Цитирование — дословное воспроизведение фрагмента текста или высказывания. В научном тексте цитаты используются для обоснования, подтверждения выдвинутых автором положений.

Цитаты заключаются в кавычки.

Существует **два способа цитирования**: или цитата является самостоятельным предложением и оформляется как прямая речь, или вводится в состав авторского предложения как его часть. В первом случае применяются пунктуационные правила оформления прямой речи.

Например:

1. *М. Ремнёва писала: «Принятие христианства принесло Руси расширение политических и экономических связей, приобщение к культурным ценностям Византии и Европы».*

2. *«Монастыри играли огромную роль в политической и культурной жизни России», — отметил Нестеров.*

3. *«Я готов поверить, — пишет К.С. Льюис, — что Иисус был великим учителем морали, но я не верю, что он — Бог».*

Если цитата синтаксически связана с авторским текстом и входит в состав предложения, то она, как правило, пишется со строчной буквы.

Например:

И как отмечает Ричард Франс, «крест стал универсальным символом веры, воплощением жертвы, принесённой любящим богом, чтобы через неё спасти мир».

Если цитата приводится не полностью, то пропуск обозначается многоточием:

1) **перед цитатой** (после открывающих кавычек), если цитата приводится не с начала предложения, например: *Стэнли Джонс писал: «...в церкви есть свои глупости и бессмыслицы, но я так же люблю её, как люблю свою мать — несмотря на её слабость и морщины»*;

2) **в середине цитаты**, если пропускается часть внутри неё, например: *«И Господь так возлюбил мир, что отдал за него своего Сына для того, чтобы каждый... мог иметь жизнь вечную»*;

3) **после цитаты** (перед закрывающими кавычками), если цитируемое предложение приводится не до конца, например: *Киприан в III веке сказал: «Бог не может быть отцом тому, у кого нет матери – Церкви...»*.

Более подробно о цитировании см.: *Демидова А.К. Пособие по русскому языку. Научный стиль. Оформление научной работы.*

ТЕКСТ 1

ХРИСТИАНСТВО

Комментарий к словам и словосочетаниям

Вседержитель — одно из названий бога, создателя.

Сущий — *книжн., устар.*: имеющийся в действительности, существующий.

Подобие — сходство.

Тернистый — 1. Покрытый колючками, шипами. *Тернистый куст.* 2. *Перен.*: Трудный, тяжёлый (о жизненном пути). *Рассказы о море толкнули талантливого юношу на тернистый путь морской службы.*

Апостол — по евангельскому преданию — каждый из двенадцати учеников Христа, посланных им для проповеди своего учения.

Добродетель — положительное нравственное качество человека. // Высокая нравственность, моральная чистота. *В этой семье искренне чтили добродетель.*

Основополагающий — дающий основание, основу чему-л.; первостепенный, основной, главный. *Основополагающие труды ведущих юристов.*

Православие — одно из основных, наряду с католицизмом и протестантизмом, направлений в христианстве. Распространено преимущественно в Восточной Европе и на Ближнем Востоке: в Греции, Югославии, Румынии, Болгарии, на Кипре, Украине, в Белоруссии и Грузии.

Триединство — единство каких-л. трёх понятий, предметов, условий, задач; троякий вид, образ чего-л.

Триединый — представляющий собой **триединство**.

Предтекстовые задания

1 Прочитайте данные ниже слова и словосочетания, обращая внимание на произношение согласных *з, ц, ч, х, ж*.

Язычество, творца, вседержитель, создатель, греха, скоропреходящий рождённый, вечный, западный, учреждена, церковно-славянский, церковь, христианский.

2 Подберите к словам из левой колонки синонимы из правой.

творец → создатель	безгрешный
бессмертный	совершенство
добродетель	интерпретировать
исцелять	первостепенный
мука	создатель
основополагающий	вечный
объяснить	излечивать
святой	страдание

3 Определите значения слов по их составу.

вседержитель ....
триединый ....
скоропреходящий ....
богослужение ....

4 Как вы понимаете утверждение: *«Мы являемся тем, чем мы становимся»*?

Задания к тексту

1 Прочитайте текст. Определите его основную тему.

Христианство противопоставило язычеству идею триединого Бога — творца и вседержителя, создателя всего сущего, в том числе и вершины своего творения – человека. Человек создан Богом по своему образу и подобию. Он наделён бессмертной душой. От самого человека, его свободной воли зависит, какой путь ему избрать в своей скоропреходящей жизни: просторный путь греха или тернистый путь добродетели. Первый ведёт к погибели, второй — к спасению и вечной жизни. «Мы являемся тем, чем мы становимся», — кто-то сказал однажды. Смысл данного утверждения в том, что «в будущем мы станем тем, во что превращаемся сегодня...».

Христианство выработало идеал Бога-Человека — Сына Божьего Иисуса Христа, рождённого от Отца девой Марией. Как повествует Евангелие, Иисус «проповедовал, учил и исцелял». Он добровольно принял крестную муку ради спасения грешного человечества.

Русь приняла христианство спустя почти тысячелетие после его появления, когда оно уже превратилось в одну из мировых религий. К этому времени уже произошло разделение христианской церкви на западную — римско-католическую и восточную — греко-православную.

Православная церковь — самая крупная из всех поместных – была учреждена на территории современных России, Украины, Беларуси в X веке в связи с принятием христианства как государственной религии. Крещение Руси (988 год) произошло при князе Владимире Красное Солнышко.

Основой православия является неизменное сохранение учения Христа и апостолов, изложенного в книгах Священного Писания. Основополагающей книгой является Евангелие. Величие подвига Кирилла и Мефодия состояло в том, что они перевели на древнеславянский язык книги Нового Завета и сделали Евангелие доступным пониманию южных и восточных славян. До сих пор богослужение в русской православной церкви ведётся на церковно-славянском языке.

Принятая Русью новая религия поставила перед обществом задачу воспитать «нового» человека — «истинного христианина» — и привить ему нравственные христианские понятия.

В статье «Об обязанностях человека» А. Пушкин пишет: «Есть книга, коей каждое слово истолковано, объяснено, проповедано во всех концах земли... Книга сия называется Евангелием».

А вот какую оценку Евангелию даёт В. Белинский: «Есть книга, в которой всё сказано, всё решено, после которой ни в чём нет сомнения, книга бессмертная, святая, книга вечной жизни — Евангелие...».

(По материалам: В.В. Кускова. Православие в жизни русского народа)

⟨2⟩ Найдите в тексте цитаты. Объясните знаки препинания в цитатах.

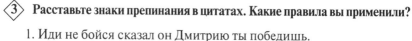

⟨3⟩ Расставьте знаки препинания в цитатах. Какие правила вы применили?

1. Иди не бойся сказал он Дмитрию ты победишь.

2. По словам М. Ремнёвой принятие христианства принесло Руси расширение политических и экономических связей, приобщение к культурным ценностям Византии и Европы.

3. В центре христианства находится личность Иисуса — того, кого христиане считают одновременно и человеком, и божеством писал Ричард Франс.

4. Ранами исцелены будем предсказал пророк Исайя.

4 Подберите из книги или статьи по вашей специальности фрагмент, в котором цитата является составной частью авторского предложения или употребляется а) после двоеточия; б) после двоеточия и имеет многоточие; в) в начале предложения; г) в начале предложения и имеет многоточие.

5 Найдите в тексте предложения, а) демонстрирующие отличия христианства от язычества; б) характеризующие новую религию; в) дающие информацию о Библии, Ветхом и Новом Заветах.

6 Расскажите, какую новую информацию вы получили из текста. Что бы вы добавили к той информации, которая предложена в тексте?

ТЕКСТ 2

КАК ГЕОГРАФИЯ РЕЛИГИЙ ВЛИЯЕТ НА ВНЕШНЮЮ ПОЛИТИКУ РОССИИ?

Комментарий к словам и словосочетаниям

Воздействовать — *несов. и сов. неперех.*: оказать / оказывать действие, влияние. *Воздействовать на зрителя.*

Общность — единство, неразрывность, совпадение. *Общность взглядов. Общность цели.*

Предтекстовые задания

1 Слушайте слова и в паузах записывайте их, ставя ударение.

....

....

....

2 Образуйте прилагательные от следующих существительных: *традиция, православие, зарубежье, религия, вера*. Составьте словосочетания с образованными прилагательными.

Задания к тексту

1 Прочитайте текст. Как вы ответили бы на поставленный в названии текста вопрос?

Религиозная принадлежность населения — один из важных факторов, воздействующих на **внешнюю** политику государств. Россия традиционно поддерживала (и поддерживает) **дружественные** связи с теми странами, где преобладает православная религия: Грецией, Болгарией, Югославией (Сербией и Черногорией), Македонией, Румынией. Религиозная общность (как и культурная и языковая близость) способствует поддержанию **тесных** дружественных связей России с Украиной, Молдовой и Белоруссией. Одна из задач российской политики в **ближнем** зарубежье — забота о русском и русскоязычном населении, где большинство верующих — православные.

2 К выделенным в тексте словам подберите антонимы. Используйте слова для справок. Составьте с антонимами как можно больше словосочетаний.

Слова для справок: враждебный, внутренний, широкий, дальний.

3 Расскажите, влияет ли религия на внешнюю политику государства? В чём это проявляется?

Фразеологизмы

Как у Христа за пазухой (жить) — без всяких забот и хлопот. *Он там живёт, как у Христа за пазухой.*

Боже мой — употребляется для выражения удивления, негодования, радости и т. п.

Не дай Бог — о нежелательности чего-л.

Побойся Бога — имей совесть; пощади.

Ради Бога — пожалуйста (при просьбе).

Слава Богу — 1. Хорошо. *Дома всё слава Богу.* 2. К счастью (как вводн. сл.). *Слава Богу, все обошлось.*

Одному Богу известно — не известно никому. *Одному Богу известно как это случилось.*

Задания

1. **Проверьте себя: знаете ли вы значения данных фразеологизмов?**
2. **Найдите эквиваленты данных фразеологизмов в родном языке.**
3. **Составьте предложения с данными фразеологизмами.**

ТЕКСТ 3

РАЗНООБРАЗИЕ КУЛЬТУРНЫХ МИРОВ

Комментарий к словам и словосочетания

Финифть — древнерусское название эмали для покрытия металлических изделий и для наложения узора на фарфор. *Серебряная с финифтью шкатулка.*

Поднос — специальная доска или металлический лист для переноски посуды, подачи еды на стол и т. п. *Принести на подносе кофе.*

Кочевой — перемещающийся с места на место. *Вести кочевой образ жизни.*

Уклад жизни — установленный или установившийся порядок в жизни.

Коренной — 1. Исконный, основной, постоянный (о жителях определённой местности, представителях определённой среды). *Коренное население.* 2. Касающийся самых основ, корней чего-л., существенный. *Коренной вопрос.*

Срубная деревянная изба — деревянный дом из нескольких **венцов,** скреплённых между собой (*здесь:* **венец** — каждый горизонтальный ряд брёвен в срубе.)

Предтекстовые задания

1 **Слушайте слова и в паузах записывайте их, ставя ударение. Прочитайте, обращая внимание на произношение слов с удвоенными согласными.**

....

....

2 **Укажите, с какими существительными могут сочетаться данные прилагательные. Используйте слова для справок. Запишите образованные словосочетания.**

многочисленный ....

многонациональный ....

национальный ....

миграционный ....

характерный ....

Слова для справок: литература, отряд, пятно, семейство, проблема, государство, обычай, толпа, флаг, карта, черта, семейство, роль, движение, страна, программа, культура, гимн, особенность, вопрос, актёр.

Задания к тексту

1 **Прочитайте текст. Раскройте смысл его названия «Разнообразие культурных миров».**

Россия — многонациональная страна. В России проживает более 100 различных народов. Их представители отличаются друг от друга численностью, языком, особенностями расселения, национальными традициями, обычаями, занятиями, укладом жизни. Русские (самый многочисленный народ России — 120 млн. человек) проживают по всей территории России. Важнейшей культурно-исторической особенностью этого народа является его многовековая миграционная активность. Русские группы в процессе миграций оказывались в разнообразных естественно-исторических условиях. Они перенимали трудовые навыки коренного населения и одновременно приносили в районы нового расселения свой трудовой опыт (в частности, земледельческий). Для русской деревни характерны срубная деревянная изба, русская печь. Поскольку основным занятием являлось земледелие, в национальной русской кухне велика роль хлебных, мучных, крупяных блюд, овощей. Народное искусство — керамика (Гжель), резьба по кости (Архангельская область), резьба по дереву, финифть (Ростов), лаковая миниатюра (Палех, Федоскино), роспись подносов (Жостово), плетение кружев (Вологда), расписная глиняная игрушка (Дымково). Культура украинцев и белорусов близка к русской, так как народы тесно связаны общим историческим путём развития. Некоторые народы алтайской языковой семьи (тувинцы, башкиры) в прошлом занимались кочевым скотоводством, что связано с особенностями природы в местах их проживания. В изготовлении переносных жилищ, одежды, обуви использовались шкуры животных. В пище преобладали мясные и молочные продукты (башкирский кумыс). Народы, проживающие на севере России (ханты, манси, чукчи), традиционно занимаются оленеводством, охотой и рыболовством. Их культура и быт свидетельствуют о том, что эти народы хорошо приспособились к жизни в сложных природных условиях Севера. Народы Северного Кавказа славятся своими мастерами оружейных и ювелирных дел (Кубачи).

2 **Разделите текст на части, выделите абзацы. О чём говорится в каждом абзаце? Аргументируйте своё деление текста.**

3 **Отметьте знаком «+» те высказывания, которые соответствуют содержанию прочитанного вами текста.**

1. В России проживают представители различных народов, но они мало отличаются друг от друга по национальным традициям, обычаям, традиционным занятиям, укладу жизни.

2. Важнейшей культурно-исторической особенностью русского народа является его многовековая миграционная активность.

3. Русские не перенимали трудовые навыки коренного населения и не приносили свой трудовой опыт в районы нового расселения.

4. Основным занятием русских являлось земледелие, поэтому в национальной кухне велика роль хлебных, мучных, крупяных блюд, овощей.

5. Культура украинцев и белорусов близка к русской, так как эти народы тесно связаны общим историческим путём развития.

6. Народы, проживающие на севере России (ханты, манси, чукчи), традиционно занимаются земледелием.

4. Расскажите, о каких явлениях русской культуры и культуры других народов, населяющих Россию, рассказывается в тексте.

Фразеологизмы

1. Коренным образом — совсем, совершенно, полностью. *Необходимо коренным образом изменить что-то в экономике.*

2. По пути — 1. Мимоходом, попутно. *По пути зайду в библиотеку.* 2. В одном и том же направлении. *Нам по пути, я вас провожу.*

Не по пути (с кем-л.) — *перен.:* иметь разные стремления, цели.

Идти по ложному пути — действовать неправильно, ошибочно. *Следствие пошло по ложному пути.*

Идти своим путём (своей дорогой) — поступать, действовать самостоятельно, независимо, по своему желанию, по своей воле.

Задания

1. Проверьте себя: знаете ли вы значения данных фразеологизмов?

2. Найдите эквиваленты данных фразеологизмов в родном языке.

3. Составьте предложения с данными фразеологизмами.

ТЕКСТ 4

ПЕРЕСЕЛЕНИЕ НАРОДОВ

Комментарий к словам и словосочетаниям

Последствие — результат, следствие чего-л. *Последствия цунами.*

Прирост — увеличение в количественном отношении, прибавление. *Прирост доходов от производства. Прирост населения.*

Цепочка — 1. Маленькая и тонкая цепь. *Часы с дорогой цепочкой.* 2. Ряд, вереница кого-л., чего-л. *Передавать по цепочке.*

Станица — большое селение в казачьих областях на Юге России.

Село — 1. Большое крестьянское селение, хозяйственный и административный центр для близлежащих деревень; в дореволюционной

России также крестьянское селение с церковью. 2. Любой населённый пункт не городского типа, а также его население.

Деревня — 1. Крестьянское селение. 2. Сельская местность, а также сельское население, крестьянство.

Посёлок — небольшое селение городского типа (обычно недалеко от основного селения, города и т. п.). *Дачный посёлок. Рабочий посёлок.*

Предтекстовые задания

1. Слушайте словосочетания и в паузах записывайте их, ставя ударение.

....

....

....

....

2. К следующим словам подберите синонимы. Используйте слова для справок.

Тревожный, недостаток, результаты, напротив, основать, длиться, судьба, позволено.

Слова для справок: участь, наоборот, создать, разрешено, неспокойный, последствия, продолжаться, нехватка.

Задания к тексту

1. Прочитайте и перескажите текст.

Предгорья Северного Кавказа сейчас — один из самых неспокойных регионов России. Это связано **как** со сложной экономической ситуацией (высокий естественный прирост населения, нехватка сельскохозяйственных земель, невысокий уровень промышленного развития), **так и** с последствиями национальной политики России. Ещё в период кавказских войн администрация Российской империи переселяла некоторые народы: **или** из недоступных горных аулов на равнину (чтобы держать под контролем), **или**, наоборот, с равнины в предгорья, чтобы создать на освободившейся территории цепочку казачьих станиц. **В результате** многие народы выселялись в Турцию.

Кстати, и в советский период эта практика продолжалась. В 1920-е гг. некоторым горским народам предоставлялись земли на равнине (откуда предварительно были выселены казаки). Зачастую это были те же земли, с которых горцы были выселены в XIX в. Ещё одно выселение казаков (в основном в Сибирь) прошло в начале 1930-х гг. **Вследствие этого** многие казачьи станицы (большие сёла с многотысячным населением) были выселены в полном составе.

Кроме того, в 1943–1944 гг. многие народы были в полном составе выселены в восточные районы СССР. **В частности,** эта участь постигла чеченцев, ингушей, карачаевцев, балкарцев и калмыков. Освободившиеся земли занимались частично русскими переселенцами, отчасти – другими кавказскими народами. Поэтому, когда в 1956–1957 гг. высланным народам было позволено вернуться, возникло множество конфликтных ситуаций, часть из которых не разрешена до сих пор.

◇2 **Опираясь на Таблицу № 2, укажите, какие смысловые отношения между предложениями выражают выделенные средства связи.**

◇3 **Прокомментируйте информацию, полученную из текста. Используйте в своей речи средства связи, выделенные в тексте.**

Фразеологизмы

Оставить без последствий — оставить без расследования, рассмотрения, не принять никаких нужных мер.

Остаться без последствий — пройти бесследно, не дать никаких явных результатов.

Задания

◇1 **Проверьте себя: знаете ли вы значения данных фразеологизмов?**

◇2 **Найдите эквиваленты данных фразеологизмов в вашем родном языке.**

◇3 **Составьте предложения с данными фразеологизмами.**

2.4. ИНТЕРВЬЮ

Интервью — жанр, в основе которого лежит беседа корреспондента с каким-либо лицом.

Языковые особенности интервью: чаще всего интервью строится в форме диалога и характеризуется наличием следующих признаков:

— вопросительных предложений;

— обращений;

— этикетных форм приветствия, прощания, благодарности, извинения и др.;

— слов-ответов: **да, нет**;

— модальных форм: **конечно, естественно, безусловно, разумеется** и т. д.;

— вопросительных предложений со словами **значит, не правда ли, не так ли, так** и т. д., направленных на подтверждение или отрицание того, что известно собеседнику.

ТЕКСТ 1

НАДО РУБИТЬ «ОКНО» НА ВОСТОК

Комментарий к словам и словосочетаниям

Рысь — хищное животное семейства кошачьих с густым, пушистым мехом рыжевато-бурого цвета.

Расплывчатый — лишённый отчётливых очертаний, неясный. *Впереди показался чей-то расплывчатый силуэт.* // Недостаточно точно, определённо выраженный. *Расплывчатые мысли.*

Являть — *книжн.*: обнаруживать, проявлять, показывать.

Сжиматься (сжаться) — становиться (стать) меньше, уже.

Посредник — тот, кто осуществляет посредничество между кем-л., содействует соглашению, сделке между кем-л.

Порабощение — *по знач. глаг.* **порабощать**: лишать свободы, независимости, обращать в рабство. // Полностью подчинять своей власти, влиянию, ставить в зависимое положение. *Местное население находится в полном порабощении.*

Консолидировать — *несов. и сов. перех.*: укрепить (укреплять), сплотить (сплачивать), объединить (объединять) усилия. *Консолидировать все силы борцов за мир.*

Великоросс — *устар.*: то же, что **русский**.

Варяги — *мн.*: древнерусское название норманнов, скандинавы, полулегендарные князья (Рюрик, Синеус, Трувор и др.), наёмные дружинники русских князей IX–XI вв. и купцы, торговавшие на пути «из варяг в греки».

Предтекстовые задания

1 **Образуйте и напишите словосочетания, употребив слова из скобок в правильном падеже.**

Образец: происходить *от чего?* (название) –
происходить от названия

Брать интервью *у кого?* (академик, известный учёный, Лауреат Ленинской премии, автор монографии, заместитель Министра иностранных дел России) ....

....

....

Давать интервью *кому?* (газета «Аргументы и факты», телекомпания «Авторское телевидение», Российское информационное агентство «Новости», журнал «Дипломат») ....

....

....

Интервью *с кем?* (глава Конституционного Суда, доктор наук, профессор, заслуженный юрист Российской Федерации) ....

....

....

Иметь беседу *с кем?* (президент, глава государства, академик, известный писатель, экономический советник) ....

....

....

2 **Замените выделенные глаголы словосочетаниями типа *глагол + существительное*. Запишите полученный вариант. Используйте слова для справок.**

1. Корреспондент «АиФ» Дмитрий Макаров **беседовал** с академиком Борисом Рыбаковым.

....

....

2. Наши предки **победили** в жёсткой конкурентной борьбе такие народы, как половцы, печенеги, монголо-татары.

....

....

3. Культура Греции почти замерла в своём развитии после порабощения её турками, и Россия **участвовала** в восстановлении её государственности.

....

....

4. Россия должна **помочь** своим соотечественникам, оказавшимся после распада СССР за пределами своей исторической родины.

....

....

Слова для справок: оказать помощь, одержать победу, иметь беседу, принять участие.

3 **Прочитайте названия некоторых географических регионов. Образуйте от них прилагательные.**

Образец: Южная Азия — *южно-азиатский*

Дальний Восток ....
Средний Восток ....
Ближний Восток ....
Восточная Европа ....
Северная Европа ....
Южная Азия ....
Восточная Азия ....
Северная Америка ....
Центральная Америка ....
Южная Америка ....
Северная Африка ....
Южная Африка ....
Центральная Африка ....

4 **Прочитайте заголовок интервью. Как вы думаете, о чём будет идти речь в интервью?**

5 **Объясните выражение «Надо рубить “окно” на Восток», вынесенное журналистом в заголовок интервью.**

Задания к тексту

1 Прочитайте. Укажите темы и цель беседы.

Лауреат Ленинской премии, дважды лауреат Сталинской премии, Герой Соцтруда, академик Борис РЫБАКОВ — автор свыше пятисот научных монографий и статей по истории восточных славян. Он был одним из самых известных учёных советской эпохи. Беседу ведёт корреспондент «АиФ» Дмитрий МАКАРОВ.

— Как непревзойдённый знаток нашей истории, можете ли Вы сказать, с чего началась Русь?

— Ответу на этот вопрос я посвятил всю свою жизнь. Когда в школах преподаватели истории рассказывают детям о Киевской Руси, они умалчивают о том, что это понятие изобретено кабинетными учёными. Действительно, слова «Русь», «россы» — понятия очень древние и, по всей вероятности, происходят от названия реки Рось, впадавшей в Днепр южнее Киева.

Археологические раскопки свидетельствуют, что в тех местах водились рыси. Но какое слово послужило основой для образования другого — «рось» для «рыси» или «рысь» для «роси», — сказать уже невозможно. Государство по имени Русь, превратившееся затем в Россию, с точки зрения географии всегда было понятием расплывчатым. Оно и по сей день являет собой удивительно живой организм, границы которого то сжимались до пределов одной современной области Российской Федерации, то расширялись, простираясь от царства Польского до Аляски и Калифорнии. И процесс формирования границ, мне кажется, ещё не закончился. Где они будут проходить, скажем, лет через пятьдесят, сказать невозможно. Слишком многие территориальные проблемы остались нерешёнными на территории бывшего СССР, слишком много русских, украинцев, людей других национальностей осталось за пределами своей исторической родины.

— Но есть известное выражение: «Нельзя унести Родину на подошвах своих башмаков».

— Вся история России доказывает обратное. С Днепра русичи шли на Север и основывали города Новгород, Псков, Русса, Ладога и другие. Наши далёкие предки стали, может быть, первыми посредниками в диалоге Север — Юг. Они проложили торговый путь «из варяг в греки», что помогло им развить собственную экономику и в конечном итоге построить государство.

Экономический интерес заставлял россиян искать и находить выходы к водным путям, подчиняя своему языку и образу жизни другие племена и народы. Мы «рубили окна» не только в Европу, но и в Закавказье, Центральную Азию, на Дальний Восток, создавая новые торговые пути. На торговых путях строились новые города, которые впоследствии стали основой государства Российского.

— Национальную гордость многих «великороссов» во все времена душила обида, что мы отстаем от Европы в экономическом и духовном отношении. Обидно осознавать, что когда твои предки ещё лазали по деревьям, в Греции уже существовала высочайшая античная культура. Про экономику и говорить нечего. Откуда это тысячелетнее отставание?

— Оно вполне естественно. История отдельных народов всегда развивалась неравномерно. Это связано с переменами в климате, перемещениями целых народов, войнами и другими факторами.

Культура той же Греции почти замерла в своём развитии на сотни лет после порабощения её турками, и страна смогла восстановить свою государственность благодаря помощи России. Из рук греков россияне подхватили знамя православной христианской культуры и подняли его на величайшую духовную высоту. Русских православных святых почитают во всём христианском мире. Не забывайте, что наши предки выиграли право на жизнь, на место под солнцем в жёсткой конкурентной борьбе со многими мощными народами: половцами, печенегами, монголо-татарами, тевтонцами.

— А что представляет собой эта борьба сегодня?

— Она продолжается, принимая новые формы. Чтобы восстановить позиции великой державы, России, как мне кажется, необходимо вернуться к тому, с чего она начинала: прокладыванию пути «из варяг в греки». Только «греками» должны стать страны Дальнего Востока, где новые силы набирают древние цивилизации Японии, Китая, Кореи, а «варягами» — страны Европейского Союза. Мы должны также использовать свои давние исторические связи с Ближним и Средним Востоком, Центральной Азией, где с давних времён пользуемся авторитетом.

Историческая роль России состоит в том, чтобы быть своего рода «срединной империей» между Европой и Азией, что позволит ей поднять экономику, консолидировать население и свою историческую территорию.

2 **Прочитайте вступительную часть к интервью, опубликованному в популярной газете «АиФ» («Аргументы и факты»). Скажите, как корреспондент «АиФ» Дмитрий Макаров представляет своего собеседника, что говорит о его профессии, о его работах?**

3 **Укажите на вопросы, которые вызвали у вас наибольший интерес. Почему?**

4 **К какому выводу подводит академик Борис Рыбаков? Найдите фразу, в которой выражена главная его мысль. Согласны ли вы с этим выводом или нет? Аргументируйте свою точку зрения.**

5 **Прочитайте интервью заместителя Министра иностранных дел России А.Ю. Мешкова (см. Приложение № 11, Текст № 2). Обсудите его с однокурсниками. Используйте предложенные вопросы.**

— Кто у кого берёт интервью?

— О чём (тема) интервью?

— Что интересного, нового вы узнали из беседы журналиста с участником интервью?

— Какой вопрос журналиста показался вам самым интересным?

— Какими вам представляются участники интервью?

— Можно ли судить об их личности и характере по данному интервью?

— Какой ещё вопрос вы задали бы, если бы оказались журналистом?

Ситуация

Вам надо провести интервью. С чего вы начнёте? Выберите интересующего вас героя. Продумайте вопросы: где, как, при каких обстоятельствах вы с ним встретитесь, какая тема вас интересует, какие вопросы вы ему зададите. Определите цель вашего интервью. Воспользуйтесь следующими советами при его подготовке.

Советы

• Определите тему беседы.

• Познакомьтесь с литературой по данному вопросу, проконсультируйтесь у знающих людей.

• Решите, у кого и почему вы берёте интервью.
• Составьте вопросник.
• Запишите основное содержание беседы.
• Прочитайте запись, определите основную мысль интервью. Озаглавьте его.
• Напишите вступление и заключение к нему.
• Отредактируйте написанное.
• Не забудьте о знаках препинания при обращении и диалоге.

Это интересно

РУССКАЯ КУЛЬТУРА В ДУХОВНОЙ ЖИЗНИ МИРА

Ни одна страна в мире не окружена такими противоречивыми характеристиками её истории, как Россия, и ни один народ в мире так по-разному не оценивается, как русский.

И всё же, Россия — это Восток или Запад? Россия расположена на огромном пространстве, объединяющем различные народы. Государство Русь с самого начала было многонациональным. Многонациональным было и окружение Руси. Учитывая тысячелетний опыт русской истории, можно говорить об исторической миссии России.

Миссия России определяется её положением среди других народов, тем, что в её составе объединились до трёхсот народов — больших, великих и малочисленных, требующих защиты. Культура России сложилась в условиях этой многонациональности. Страна служит гигантским «мостом» между народами, «мостом» прежде всего культурным. И мы можем с уверенностью сказать, что русская культура на всём пути своего развития непричастна к человеконенавистническому национализму. Место русской культуры определяется её многообразнейшими связями с культурами многих десятков других народов Запада и Востока.

Таким образом, вопрос о том, Востоку или Западу принадлежит русская культура, снимается полностью. Культура России принадлежит десяткам народов Запада и Востока.

Д.С. Лихачев

Задание

Верно ли утверждение, что культура России принадлежит десяткам народов Запада и Востока? Аргументируйте своё мнение.

Фразеологизмы

Как (будто, словно) в воду глядел (смотрел) — как будто знал заранее.

Лить воду на (чью-л.) **мельницу** — высказывать доводы, положения и т. п., подкрепляющие чьё-л. мнение, позицию.

Тише воды, ниже травы — о чрезвычайно скромном, незаметном, тихом человеке.

Набрать воды в рот — хранить упорное молчание.

Водой не разлить (не разольешь) кого-л. — о тесной, крепкой дружбе.

Выйти сухим из воды — остаться безнаказанным, уклониться от заслуженного наказания.

Задания

1. **Проверьте себя: знаете ли вы значения данных фразеологизмов?**
2. **Найдите эквиваленты данных фразеологизмов в вашем родном языке.**
3. **Составьте предложения с данными фразеологизмами.**

Дискуссия

Выскажите свою точку зрения на предложенные темы (по выбору).

1. Влияние религий на внешнюю политику государств.

2. Россия — многонациональная страна.

Пользуйтесь изученными материалами и данными Таблицы № 2.

Глава 3

✓ Вопросный план

Тема: Население России

3.1. ВОПРОСНЫЙ ПЛАН

План текста — самая краткая его запись. План состоит из пунктов, которые должны отражать содержание, логику и последовательность изложения.

Пункты плана составляются от абзаца к абзацу.

Виды планов: простые и сложные; вопросные, назывные и тезисные.

Вопросный план — это план текста в виде вопросов.

ТЕКСТ 1

ЧИСЛЕННОСТЬ И РАЗМЕЩЕНИЕ НАСЕЛЕНИЯ

Комментарий к словам и словосочетаниям

Агломерация — *здесь:* слияние многих населённых пунктов в одно городское поселение в результате развития экономических и культурных связей.

Обостряться (заостриться) — *перен.*: становиться более резким, чётко выраженным. *Вопрос обострился.* // Становиться более острым, напряжённым. *Отношения между ними обострились.*

Тип — 1. Образец, модель или разновидность, форма, которым соответствует известная группа предметов, явлений. *Типы пассажирских самолётов.* 2. Характерный облик человека, связанный с его этнической, социальной или профессиональной принадлежностью. *Восточный тип лица.* 3. *Разг.*: человек, обычно странных или негативных качеств, свойств. *Что за тип рядом с вами?*

Предтекстовые задания

1 **Составьте и напишите словосочетания с данными прилагательными. Укажите, от каких существительных образованы прилагательные.**

экологический ....
городской ....
типичный ....
сельский ....
территориальный ....
временный ....
национальный ....

2 **Запишите числа словами.**

на 1 января 2001 г. ....
....
около 145 миллионов человек ....
....
доля России — 2,7 % ....
....
176 национальностей ....
....
русские составляют 79,8 % ....
....
городское население России — 74 % ....
....
городское население России в начале XX в. — 18 % ....
....
в России насчитывается 1097 городов ....
....
160 посёлков городского типа ....
....
13 городов-миллионеров ....
....
20 городов с населением от 500 тыс. до 1 млн. ....
....
плотность населения — 9 тыс. чел. / кв. км ....
....

Задания к тексту

1 Прочитайте текст, обращая особое внимание на числительные. Переведите числительные на родной язык.

Население России, по данным Госкомстата РФ на 1 января 2001 г., составляет около 145 миллионов человек. Доля России в населении планеты — 2,7 %. По числу жителей она занимает 6-е место среди стран мира после Китая, Индии, США, Индонезии и Бразилии. На территории России проживают люди 176 национальностей, однако основную часть населения составляют русские (79,8 %).

В настоящее время городское население России составляет 74 %, при том, что в начале XX в. — всего 18 % (27 % — в сельской местности). Население живёт и в посёлках городского типа, рабочих посёлках, сельских населённых пунктах. Последние, по характеру расселения и историческим особенностям, делятся на деревни, станицы, хутора, аулы, фермы, временные поселения (охотников, оленеводов и др.).

Городом в нашей стране считается населённый пункт, в котором живёт не менее 12 тыс. человек. Сейчас в России насчитывается 1097 городов, 160 посёлков городского типа.

Во второй половине XX в. широкий размах принял процесс урбанизации. Сегодня в России 13 городов-миллионеров и 20 городов с населением от 500 тыс. до 1 млн. человек. Ряд крупнейших городов вместе с ближайшими городами меньших размеров образуют городские агломерации. Самая крупная – Московская (плотность населения – 9 тыс. чел. / кв. км). 40 % населения России проживает в столицах областей автономных республик и краёв.

В связи с очень высокой концентрацией населения и хозяйства в крупнейших городах страны в последние годы всё более обостряется экологическая проблема. 35 городов России имеют совершенно недопустимые показатели загрязнения: Новокузнецк, Нижний Новгород, Омск, Смоленск, Архангельск, Ангарск и другие.

2 Прочитайте вопросы к тексту. Ответьте на вопросы, опираясь на текст.

1. Сколько национальностей проживают на территории России?
2. Какое место занимает Россия по числу жителей среди других стран мира?

3. Какова доля городских жителей в населении России в настоящее время?

4. Какова численность населения России по данным Госкомстата РФ на 1 января 2001 г.?

5. Какова доля России в населении планеты?

6. Какой населённый пункт считается в России городом?

7. Что такое агломерация?

8. Какая самая крупная агломерация в России?

9. В связи с чем обостряется экологическая проблема в последние годы?

◇3 **Запишите вопросы, данные в Задании № 2, в той логической последовательности, в какой появляются ответы на них в тексте.**

◇4 **Перескажите текст, опираясь на выполненное Задание № 3.**

◇5 **Подготовьте небольшое сообщение о численности и размещении населения вашей страны.**

Фразеологизмы

1. Населённый пункт — город, посёлок, село, деревня и т. п.
По пунктам и **пункт за пунктом** — обстоятельно, по порядку.
2. В основном — в общих, существенных чертах, в главном.

Задания

◇1 **Проверьте себя: знаете ли вы значения данных фразеологизмов?**

◇2 **Найдите эквиваленты данных фразеологизмов в вашем родном языке.**

◇3 **Составьте предложения с данными фразеологизмами.**

ТЕКСТ 2

ЧТО ПРОИСХОДИЛО В 1990-е ГОДЫ?

Комментарий к словам и словосочетаниям

Убыль — 1. Уменьшение в количестве, размере, степени и т. д. *Убыль поголовья скота.* 2. То, что убыло; убыток. *Чем восполнить убыль?*

Убыток — материальный ущерб, потеря. *Торговать в убыток. Нести убытки.*

Плотно — 1. *Нареч. к* **плотный**. 2. Очень тесно, крепко прижав одно к другому; вплотную. *Плотно сжатые губы*; густо. *Плотно населённый.*

Поселение — селение, населённый пункт.

Урбанизация — 1. Процесс сосредоточения населения, экономической и культурной жизни в крупных городах, роль которых в жизни общества значительно повышается. 2. Распространение черт и особенностей городской жизни. *Урбанизация сельской жизни.*

Доля — часть чего-л. *Делить на равные доли.* // Право на участие в чём-л., на обладание частью чего-л.; пай. *Моя доля в этом деле была ничтожно мала.*

Примерно — *нареч.* к **примерный**; приблизительно, ориентировочно. *Это будет стоить примерно... (столько-то).*

Форсировать — *несов. и сов. перех.*: усиливать (усилить), ускорять (ускорить). *Форсировать открытие памятника. Форсировать события.*

Резко — *нареч.* к **резкий.** 1. Грубо, чётко, отчётливо. *Резко выделяться на лице.* 2. Слишком ярко или чересчур сильно. *Свет резко ударил в глаза.* 3. Внезапно и очень значительно. *Резко повысились цены.*

Историческое ядро — *перен.*: основная, наиболее важная (историческая) часть; сущность. *Историческое ядро этого произведения.*

Предтекстовые задания

1. Прочитайте глаголы. Подчеркните одной чертой те из них, которые передают значение *«становиться меньше»*, двумя — *«становиться больше»*.

Возрастать / возрасти, снижаться / снизиться, повышаться / повыситься, уменьшаться / уменьшиться, подниматься / подняться, сокращаться / сократиться, увеличиваться / увеличиться.

2. Составьте и запишите словосочетания с конструкциями, выражающими приблизительное количество.

Образец: Примерно *45 млн. руб.* Между *10 и 20 %.*

приблизительно (*что*?) ....

ориентировочно (*разг.*) (*что*?) ....

где-то (разг.) (*что*?) ....

около (*чего*?) ....

порядка (*чего*?) ....

в пределах (*чего*?) ....

менее (*чего*?) ....

между (*чем*?) и (*чем*?) ....

3. Запишите словами цифры и знаки, раскройте сокращения. Прочитайте.

1. Численность населения сократилась почти на 3775 тыс. человек.

....

....

....

2. По данным Госкомстата РФ, в городских поселениях проживало 106,0 из 145,2 млн. россиян.

....

....

....

3. В течение нескольких лет — в 1991–1994 и 1999 г. — увеличивалось сельское население.

....

....

....

4. Доля горожан всего лишь за четыре года — с 1991 по 1994 — сократилась с 73,9 до 73,0 %.

....
....
....

5. В Азиатской части расположены 2 из 11 городов с числом жителей более 1 млн., 7 из 21 города с числом жителей от 500 тыс. до 1 млн. и 29 из 131 города с числом жителей от 100 до 500 тысяч.

....
....
....

6. По прогнозу ООН, к 2030 году горожанами будут 84 % людей в развитых странах, а их численность увеличится с 0,9 до 1 миллиарда.

....
....
....

Задания к тексту

1 Прочитайте фрагменты текстов. Предложите свои варианты заголовков.

УВЕЛИЧЕНИЕ СЕЛЬСКОГО НАСЕЛЕНИЯ

Во второй половине XX века темпы роста городского населения России оставались достаточно высокими вплоть до 1990 года, когда его доля в общей численности населения достигла максимального значения – 73,9 %. Затем численность горожан стала сокращаться. За 1991–2000 годы она уменьшилась на 3775 миллиона человек, или на 3,4 %. Наибольшая убыль пришлась на 1992 и 1999 годы. Одновременно с убылью горожан впервые за длительное время в течение нескольких лет — в 1991–1994 и 1999 годах — увеличивалось сельское население. В результате впервые снизилась доля горожан. Всего лишь за четыре года — с 1991 по 1994 — она сократилась с 73,9 до 73,0 %.

ТРОЕ ИЗ ЧЕТЫРЁХ РОССИЯН — ГОРОЖАНЕ

По данным Госкомстата РФ, на начало 2001 года 106,0 из 145,2 миллионов россиян, или 73 %, проживало в городских поселениях. В категорию городов, как правило, входят населенные пункты с числом жителей не менее 12 тысяч, в которых не менее 85 % населения составляют рабочие, служащие и члены их семей. Однако в некоторых регионах — субъектах федерации — правила и критерии могут быть иными. В 163 больших городах — с числом жителей 100 тысяч и выше — проживает 65,9 миллионов человек, или 62,3 % городского и 45,5 % всего населения России.

НЕРАВНОМЕРНОСТЬ РАЗМЕЩЕНИЯ ГОРОДСКОГО НАСЕЛЕНИЯ

Население России, а городское — особенно, крайне неравномерно размещено по огромной территории страны, превышающей 17 миллионов квадратных километров. Наиболее плотно заселено историческое ядро в Европейской части. В Азиатской же части, занимающей три четверти территории, проживает чуть более одной пятой горожан. Здесь расположено только 230 из 1097 городов, в том числе лишь 2 из 11 городов с числом жителей более 1 миллиона, 7 из 21 города с числом жителей от 500 тысяч до 1 миллиона и 29 из 131 города с числом жителей от 100 до 500 тысяч.

РОССИЯ В УРБАНИЗИРУЮЩЕМСЯ МИРЕ

Быстрый рост населения и его концентрация в городах — важнейшие тенденции в мире. Если в 1900 году только 2 % населения мира проживало в городских поселениях, а в 1950 году — 30 %, то в 2000 году — уже 47 %. Ожидается, что к 2008 году каждый второй человек будет проживать на городских территориях, а к 2030 году доля горожан в мире достигнет 60 %. В развитых странах доля горожан уже сейчас очень высока — примерно 75 %, как и в России. По прогнозу ООН, к 2030 году горожанами будут 84 % людей в этих странах, а их численность увеличится с 0,9 до 1 миллиарда.

2 Вставьте пропущенные предлоги *к, в, до, из, на, от, с*, употребляя слова из скобок в нужной форме. В случае затруднений обращайтесь к тексту.

Численность городского населения России оставалась достаточно высокой вплоть ... 1990 (год).

Наибольшая убыль городского населения пришлась ... 1992 и 1999 (год).

... 163 (большой город) проживает 65,9 миллиона человек.

... Азиатской части расположено 230 ... 1097 (город), 2 ... 11 (город) ... (число житель) более 1 миллиона, 7 ... 21 (город) ... (число житель) ... 500 тысяч ... 1 (миллион).

... 2008 (год) каждый второй человек будет проживать ... (городская территория).

3 **На основе заголовков прочитанных фрагментов составьте вопросный план.**

4 **Передайте устно основное содержание фрагментов. Используйте предложенные слова и выражения.**

В этих (данных) фрагментах..., В первом фрагменте..., Во втором фрагменте..., В третьем фрагменте..., В последнем фрагменте....

Приводится, излагается, даётся (сведения, данные, факты, примеры, результаты), содержится, говорится, указывается.

Сведения, данные, факты, примеры, результаты.

Образец: *В последнем фрагменте* даются примеры...

Это интересно

По данным первой Всеобщей переписи населения Российской империи, проведённой в 1897 году, менее 15 % населения, проживавшего в современных границах России, было городским. Урбанизация, резко ускорившаяся с начала 1930-х годов, во многом искусственно форсированная, резко изменила это соотношение. К концу 1930-х годов в городских поселениях проживала уже треть россиян, в 1950-х — половина, а по данным последней советской переписи населения 1989 года — почти три четверти.

Численность постоянного населения Российской Федерации в настоящее время составила 145,2 млн. человек, что на 1,8 млн. человек превысило текущую оценку численности населения.

Россия занимает седьмое место в мире по численности населения после Китая (1285 млн. человек), Индии (1025 млн. человек), США (286 млн. человек), Индонезии (215 млн. человек), Бразилии (173 млн. человек) и Пакистана (146 млн. человек).

По сравнению с переписью 1989 г. численность населения уменьшилась на 1,8 млн. человек, в том числе в городских поселениях — на 1,6 млн. человек, в сельской местности — на 0,2 млн. человек.

Таблица 4

Численность населения России

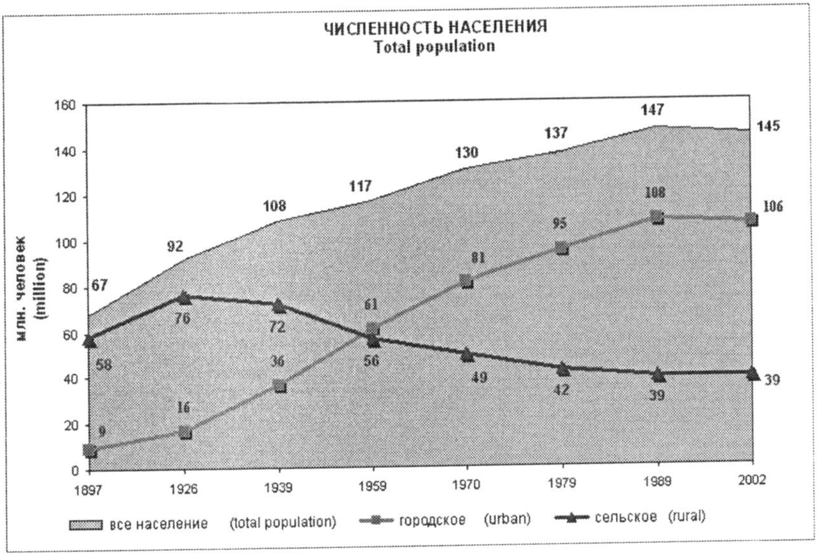

Таблица 5

Половозрастная структура населения России.

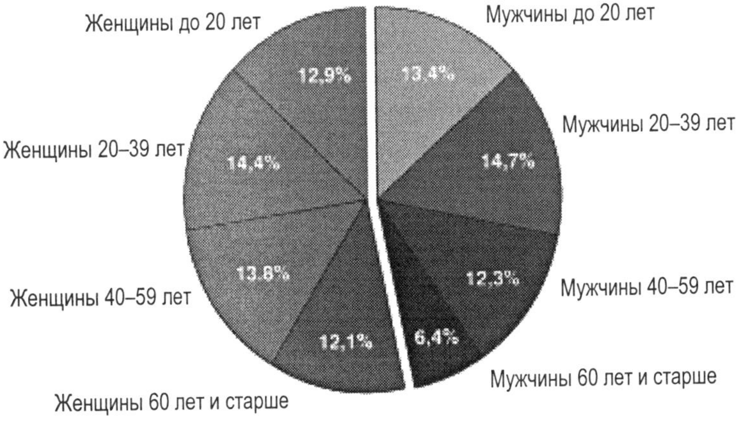

Таблица 6

**Рождаемость и смертность в 1999 и 2000 гг.
(на 1000 чел.)**

	1999	2000
Рождаемость	9, 64	9,02
Смертность	10,96	13,8
Уровень детской смертности	23	20,33

Таблица 7

**Средняя продолжительность жизни в 1999 и 2000 гг.
(в годах)**

	1999	2000
В среднем	65,12	67,19
Среди мужчин	58,83	61,95
Среди женщин	71,72	72,69

Задания

1. **Прокомментируйте данные таблиц №№ 4–7.**
2. **Подготовьте небольшое сообщение, опираясь на изученные материалы и данные таблиц. См. Приложение № 5, текст № 2.**

Фразеологизмы

1. На порог не пускать (кого-л.) — не принимать, не пускать в дом.

На пороге — 1. О том, что очень скоро должно наступить. 2. (чего-л.) в преддверии чего-л.

2. На убыль (идти / пойти) — уменьшаться, убывать.

В убытке (быть, находиться и т. п.**)** — терпеть убыток.

3. Плотность населения — число жителей, приходящихся на 1 км^2 площади.

Задания

1. **Проверьте себя: знаете ли вы значения данных фразеологизмов?**
2. **Найдите эквиваленты данных фразеологизмов в вашем родном языке.**
3. **Составьте предложения с данными фразеологизмами.**

ТЕКСТ 3

ОСОБЕННОСТИ МИГРАЦИИ ТРУДОВЫХ РЕСУРСОВ РОССИИ

Комментарий к словам и словосочетаниям

Подсобный — предназначенный в помощь кому-л., чему-л.; вспомогательный. *Подсобный рабочий.*

Заложник — лицо, насильственно задержанное с целью выкупа или с какой-л. другой целью.

Неуклонно — *нареч.* к неуклонный; неизменно, постоянно. *Неуклонный рост жизненного уровня народа.* // Настойчиво, твёрдо. *Неуклонно идти к своей цели.*

Регулятор — *здесь перен.*: то, что направляет что-л. *Регулятор экономических отношений.*

Отток капитала — вывоз капитала из страны.

Уместно заметить — вовремя обратить внимание на что-л.

Правовое поле — то, что находится в пределах (рамках) права, закона.

Уходить от уплаты налогов — не платить налоги.

Предтекстовые задания

1. Слушайте слова и словосочетания. В паузах записывайте их, ставя ударение.

....
....
....
....
....
....
....
....
....

2. Образуйте и запишите словосочетания, употребив слова из скобок в правильном падеже.

Образец: переезжать *куда?* (другая страна) — *переезжать в другую страну*

компенсировать *чем?* (личное подсобное хозяйство)

....

отрезать *от чего?* (остальная часть)

....

переезжать *куда?* (другой регион)

....

поставлять *кого?* (нелегальные работники)

....

заниматься *чем?* (трудовая деятельность)

....

вытекать *из чего?* (нелегальный характер миграции)

....

Задания к тексту

1 Прочитайте текст «Особенности миграции трудовых ресурсов России». Ответьте на вопрос: Что в прошедшее десятилетие заставляло россиян переезжать в другие регионы страны?

Что в прошедшее десятилетие заставляло россиян переезжать в другие регионы страны? Это, наряду с крайними обстоятельствами, какими являются военные действия и обострение межнациональных отношений (что характерно для Северокавказских республик), — причины чисто экономического характера.

Менять постоянное место жительства заставляют потеря работы, невыплаты заработной платы, а значит, и падение жизненного уровня, отсутствие перспектив на улучшение положения в будущем. Кроме того, потерю работы в отдалённых северных регионах невозможно компенсировать занятием личным подсобным хозяйством.

Как иммигранты из стран СНГ, так и население отдалённых регионов оказались заложниками проводимой экономической политики. Помимо всего прочего, они оказались отрезанными от остальной части России высокими транспортными тарифами, не компенсированными соответствующим уровнем доходов.

Среди социально-экономических регуляторов миграционного поведения (или территориального размещения) населения одним из главных остаётся занятость.

В соответствии с официальными данными более половины иностранной рабочей силы (ИРС) используется в строительстве, каждый десятый — в сельском и лесном хозяйстве, около 10 % — в промышленности, более 8 % — в торговле и общепите. Уместно заметить, что численность и доля занятых в строительстве российских граждан неуклонно снижается.

Самыми крупными потребителями ИРС являются Москва и Московская область (около 35 % зарегистрированных трудящихся мигрантов), Ханты-Мансийский и Ямало-Ненецкий АО по 10 и 5 % соответственно, Приморский край и Амурская область (4,3 и 2,4 %), Белгородская область, Краснодарский край, Калужская и Ростовская области, Санкт-Петербург.

Основными странами, поставляющими в Россию работников, являются Украина (30 %), Турция, Китай, Югославия, Молдова, КНДР, Вьетнам.

Истинные масштабы трудовой миграции, по оценкам специалистов, по меньшей мере втрое больше «разрешённой», т. е. имеющей официальное разрешение на занятие трудовой деятельностью. В существующем правовом поле такая форма миграции, пожалуй, имеет больше минусов, чем плюсов. Минусы, безусловно, вытекают главным образом из нелегального характера миграции, к ним, в первую очередь, относятся: возможность занижения оплаты труда коренного населения, т. к. мигранты из стран с более низким уровнем жизни являются и более дешёвой рабочей силой; уход от уплаты налогов; возможность развития криминального (поскольку нелегального) бизнеса; нелегальное проживание (которое тормозит развитие цивилизованного рынка жилья); отток капитала в страну постоянного проживания мигрантов.

Общая миграционная активность населения за прошедшее десятилетие уменьшилась. За 1989–1998 годы число миграционных перемещений в России составило 46,7 миллионов человек.

(По материалам: О.Д. Воробьев. Государственный университет. Высшая школа экономики)

2 Закончите предложения, используя материал статьи.

1. Прошедшее десятилетие заставило россиян ... .
2. Менять постоянное место жительства заставляет ряд причин: ... .
3. Социально-экономическим регулятором миграционного поведения населения остаётся ... .
4. Крупными потребителями ИРС являются ... .
5. Масштабы трудовой миграции выше «разрешённой». Такая форма миграции имеет больше минусов, чем плюсов. Они вытекают в основном из ... .

3 Согласны ли вы с данными утверждениями? Письменно аргументируйте вашу позицию.

1. Причины миграции носят чисто экономический характер.
2. Потерю работы в отдалённых северных регионах можно компенсировать занятием личным подсобным хозяйством.
3. Как иммигранты из стран СНГ, так и население отдалённых регионов оказались заложниками проводимой экономической политики.

4. Среди социально-экономических регуляторов миграционного по ведения населения занятость нельзя считать одним из главных.

5. Менять постоянное место жительства заставляют экономика, потеря работы, невыплаты заработной платы.

4 **Напишите вопросный план текста. Перескажите текст, опираясь на составленный вами план.**

Фразеологизмы

1. Львиная доля — самая большая, лучшая часть чего-л.

Быть в доле; войти в долю; принять в долю — об участии в каком-л. деле, предприятии.

Выпало на (чью-л.) **долю** — суждено кому-л.; о необычных (как правило, тяжёлых, неприятных) событиях в чьей-л. жизни.

2. Вид на жительство — *устар.*: паспорт, удостоверение личности. *Совр.* регистрация.

Делать вид — притворяться.

Ни под каким видом — ни при каких условиях, ни за что.

Терять из виду – не знать, где находится кто-л., не иметь никаких сведений о ком-л.

Упустить (выпустить) из виду — забыть о чём-л., не обратить внимания на что-л.; потерять что-л.

Задания

1 **Проверьте себя: знаете ли вы значения данных фразеологизмов?**

2 **Найдите эквиваленты данных фразеологизмов в вашем родном языке.**

3 **Составьте предложения с данными фразеологизмами.**

Дискуссия

В последние годы из бывших союзных республик в Россию идёт большой отток русского и нерусского населения. Выскажите свою точку зрения на эту проблему. Сравните с ситуацией в вашей стране.

ТЕКСТ 4

ЛЛЕКТУАЛЬНАЯ ЭМИГРАЦИЯ ИЗ РОССИИ: ФАКТОРЫ, ПРИЧИНЫ И ГЕОПОЛИТИЧЕСКИЕ ПОСЛЕДСТВИЯ

Комментарий к словам и словосочетаниям

Усугублённый — усиленный, интенсивный. *Усугублённое внимание.*

Приоритет — 1. Первенство по времени в научном открытии, изобретении, исследовании и т. п. *Приоритет в космических исследованиях.* 2. Преобладающее, первенствующее значение чего-л. *Приоритет общественного закона в жизни общества.*

Балласт — *перен.*: то, что (или тот, кто) является обузой.

Обуза — обременительная, неприятная обязанность. *Взять на себя эту обузу.*

Интеллект — мыслительные способности человека, разум; уровень умственного развития человека. *Обладать высоким интеллектом.*

Обвальный поток — множество кого-л., огромная масса чего-л., движущегося в одном направлении.

«Утечка мозгов» — *перен.:* убыль, потеря, отъезд в другие страны образованных людей, специалистов, учёных.

Дренаж — вымывание; *здесь*: замена существующих специалистов значительным числом менее квалифицированных работников.

Прозрачность границ — не очень строгая охраняемость границ.

Предтекстовые задания

1 **Образуйте от прилагательных существительные с суффиксом *-ость.* Составьте с ними словосочетания.**

экономический ....

самостоятельный ....

невостребованный ....

невозможный ....

обеспеченный ....
значительный ....
объективный ....
приоритетный ....
особенный ....
численный ....

◇2◇ Поставьте глаголы-сказуемые из скобок в соответствующую форму. Соблюдайте согласование сказуемого с подлежащим.

1. В России огромные масштабы ... процесс интеллектуальной эмиграции (приобретать). 2. Распад СССР ... существенный «вклад» в процесс интеллектуальной эмиграции (внести). 3. Наука пока ... места среди государственных приоритетов (не находить). 4. К сожалению, из науки ... многие инициативные и талантливые люди (уходить). 5. Молодые талантливые бизнесмены ... высокого благосостояния в России (добиться). 6. Целесообразно ... меры по защите интеллектуального потенциала (разработать). 7. «Утечка мозгов» крайне ... реализацию основных концепций технологической и экономической безопасности России (затруднять).

Задания к тексту

◇1◇ Прочитайте текст. Определите его главную мысль.

В последние годы процесс интеллектуальной эмиграции, или, как его ещё называют, «утечки мозгов», приобрёл в России огромные масштабы. Это угрожает существованию и развитию целых направлений отечественной науки, вызывает многие негативные социальные и экономические последствия для российского общества в целом.

В России одной из основных причин обвальной «утечки мозгов» стало резкое увеличение открытости вначале советского, а затем российского государства, создание законодательной базы для прозрачности границ. Существенный «вклад» внесли и распад СССР, образование на его территории самостоятельных государств, границы между которыми зачастую обозначены только на географических картах.

Факторами миграции стали, прежде всего, глубокий социально-экономический кризис в стране, невостребованность научного, интеллектуального потенциала, отсутствие возможности у конкретных учёных реализовать себя в стране в научном, материальном и интеллектуальном плане, обеспечивать творческий рост.

Причины эмиграции учёных и различных специалистов высокой квалификации из России в принципе известны. Экономический кризис привёл к резкому снижению государственного финансирования научных исследований. Науке пока не находится места среди государственных приоритетов, а переход научных учреждений на рыночные принципы функционирования осуществляется, в силу объективных причин, с большим трудом.

Важная причина интеллектуальной эмиграции — инфраструктурная необеспеченность российской науки, ставшая тормозом развития научных исследований. Среди этнической эмиграции численность выехавших научных сотрудников оценивали в 35 тысяч человек, что составляло около 10 % всех научных сотрудников по состоянию на 1995 год. При этом систему Российской Академии наук покинули 17 % научных работников. Однако дело не только в количественном соотношении. Из науки ушли многие инициативные и талантливые люди, в результате чего доля «балласта» (хотя он неизбежен и необходим) значительно возросла.

За последние 5 лет 42 % этнической эмиграции шло в Германию, 41 % — в Израиль. К 2000 году страну покинуло около 1,5 млн. учёных и специалистов.

Эмиграция учёных и специалистов высокой квалификации имеет ещё один качественный аспект: эмигрируют, как правило, очень талантливые и активные люди в наиболее трудоспособном возрасте. Происходит как бы экспорт интеллекта, отчего средний уровень интеллекта в стране-экспортёре снижается. В принципе, это можно рассматривать как угрозу интеллектуальной безопасности страны.

В последние годы получил развитие процесс бизнес-эмиграции из России. Молодые талантливые бизнесмены, добившись высокого благосостояния в России, заработав значительные суммы, эмигрируют, закупают недвижимость и занимаются бизнесом в развитых странах. Общий ежегодный вывоз валюты из страны превышает 20 млрд. долларов. Эти деньги невозможно возвратить в Россию.

Также надо обратить внимание на то, что одновременно с экспортом интеллектуального потенциала в России происходит импорт значительного числа менее квалифицированных работников (по отдельным данным их численность превышает 1 млн. чел). Происходит как бы интеллектуальный дренаж России, которая таким образом постоянно снижает свой интеллектуальный потенциал. Целесообразно разработать меры по защите этого потенциала.

Надо учитывать, что «утечка мозгов» имеет негативные социально-экономические последствия для народного хозяйства, крайне затрудняет реализацию основных концепций технологической и экономической безопасности России.

В целом можно констатировать, что проблема «утечки мозгов», сохранения национального интеллектуального достояния — одна из важнейших, стоящих не только перед российской наукой, но и перед российским обществом в целом. И от того, как она будет решена, во многом зависит будущее России.

2 Ответьте на вопросы к тексту.

1. Что происходит одновременно с экспортом интеллектуального потенциала в России?
2. Какова основная задача, стоящая не только перед российской наукой, но и перед российским обществом в целом?
3. К чему может привести экспорт интеллекта?
4. В чём причины миграции учёных и специалистов из России?
5. Какой вид миграции в последнее время получил всё большее развитие?
6. Каковы основные факторы миграции?
7. Чему угрожает процесс «утечки мозгов», который приобрёл в России угрожающие масштабы?

3 Запишите вопросы, данные в Задании 1, в той логической последовательности, в какой появляются ответы на них в тексте.

4 Перескажите текст своими словами. Опирайтесь на вопросы выполненного Задания 3.

Дискуссия

Выскажите свою точку зрения по предложенным темам (по выбору).

1. Факторы и причины интеллектуальной эмиграции из России. Сравните с ситуацией в вашей стране.

2. Геополитические последствия интеллектуальной эмиграции из России.

Фразеологизмы

1. **Брать (взять) под защиту** (кого-л., что-л.) — оказывать покровительство кому-л., чему-л., выступать с защитой кого-л., чего-л. *Взять под покровительство науку.*

2. **Ставить перед (свершившимся) фактом** (кого-л.) — сообщать кому-л. о чём-л., уже происшедшем.

3. **По причине** (чего-л.) — вследствие чего-л.

По той (простой) причине, что... — потому, что...

Задания

1. Проверьте себя: знаете ли вы значения данных фразеологизмов?

2. Найдите эквиваленты данных фразеологизмов в вашем родном языке.

3. Составьте предложения с данными фразеологизмами.

ТЕКСТ 5

«ЛИЦО РОССИЙСКОЙ НАЦИОНАЛЬНОСТИ»?

Комментарий к словам и словосочетаниям

Самосознание — ясное понимание своей сущности, своих отличительных свойств, своей роли в жизни, в обществе.

Воображение — творческая фантазия.

Прогадать — ошибившись в расчётах, предположениях, оказаться в невыгодном положении; просчитаться.

Псевдоучёный — мнимый, ложный, ненастоящий учёный.

Экстерриториальность — особые права и преимущества (неприкосновенность личности и жилища, неподсудность местным уголовным и гражданским судам, освобождение от повинностей и налогов), взаимно предоставляемые государствами иностранным дипломатическим представителям.

Прийтись (приходиться) — быть, доводиться кому-л. кем-л. или как-л. (о родстве).

Жёсткий — *перен.:* суровый, резкий.

Эльф — в западноевропейской мифологии: волшебное существо, дух природы, благожелательный к людям.

Сказочная нечисть — сказочные персонажи – духи, лешие, ведьмы и т. п.

Чреватый — способный вызвать что-л. (чаще нежелательное, неприятное).

Освежить (освежать) — *здесь*: обновлять («освежить портрет российского общества» — представить образ российского общества в другом, обновлённом свете).

Смешанные браки — семейный союз, где муж и жена имеют разные национальности.

Увязнуть — *перен.*: углубившись во что-л., оказаться в затруднительном положении.

Предтекстовые задания

1. Прочитайте заголовок интервью. Предположите, о чём будет идти речь в этом интервью?

2. Составьте 3–4 вопроса, на которые вы хотели бы получить ответы в интервью.

Задания к тексту

1. Прочитайте интервью. Совпало ли ваше предположение с его содержанием? Укажите темы и цель беседы.

НАЦИОНАЛЬНЫЙ ВОПРОС

Каково оно сегодня — «лицо российской национальности»? На эти и другие вопросы «Итогам» отвечает министр РФ Владимир Зорин.

— *Каково вообще сегодня «лицо российской национальности»?*

— Итоги последней переписи ещё не подведены. Что известно точно? Мы – многоэтнический народ, а точнее — 176 этнических групп и народов. Самые крупные из них: русские (79,8 % населения), татары, украинцы, чуваши, башкиры, белорусы, мордва, чеченцы, российские немцы и удмурты. Сегодня нам крайне важно понять, как изменилась за эти годы численность коренных малых народов, то есть насколько эффективными оказались государственные меры по их поддержке. Для этого надо дождаться точных цифр. А без них можно сказать одно: перепись уже продемонстрировала, что единый народ — россияне — существует. Некоторые опрошенные так и заявили себя по графе «национальность»...

— *Кстати, о национальном самосознании. Похоже, список народностей, полученный в результате переписи, определялся в том числе и богатым воображением опрашиваемых. Появились не только казаки или поморы, но и хоббиты, эльфы...*

— Не только эльфы и хоббиты. Были ещё славяне как национальность, половцы в Саратовской области, калининградцы, поморы, кряшены и даже один армеец (фанат ЦСКА, город Москва). Но, что отрадно, были ещё и россияне. На самом деле этих «нацменьшинств» будет очень мало, за исключением казаков. Это говорит о том, что определённую часть молодёжи не волнует проблема, связанная с национальностью. Они ощущают себя гражданами мира, не ограничиваясь узкими, как им кажется, рамками национальностей. Но это касается только эльфов, гоблинов, хоббитов и прочей сказочной нечисти. С казаками, поморами, кряшенами и т. п. ситуация иная. То, что эти группы так обозначили себя, говорит о внутрирегиональных проблемах. Властям этих субъектов Федерации придётся лучше учитывать интересы данных групп. Но в целом такая свобода национального самоопределения — это хорошо.

— Чем же?

— В России впервые была применена общемировая практика самоидентификации. Конечно, она чревата небольшими сбоями. Они были и на Западе. Так, например, «попалась» Австралия, интересовавшаяся вероисповеданием своих граждан: несколько тысяч человек объявили себя джедаями. Это смелый эксперимент — самоопределение, а ещё более смелый — добровольность участия в переписи. Многие страны даже с развитой демократией отказываются от последнего принципа: в Великобритании, например, штраф за уклонение от переписи — 1000 фунтов. Мы же пошли на это. И не прогадали. Как не прогадали и с национальным самоопределением. Если во времена СССР опрашиваемым предлагалось «меню» из 126 национальностей — только выбирай, да ещё заявленные данные сверялись с паспортными, то сегодня постоянно проживающий на территории РФ человек сам решал, кто он есть. И результатом стало появление не только эльфов и хоббитов, но и малых народностей Алтая, Дагестана, Удмуртии, Татарстана, которые считались «мёртвыми». В общем, уверен, что материалы переписи освежат портрет российского общества, а полученные результаты лишат радикальных политиков и псевдоучёных возможности выступать с измышлениями межнационального характера.

— И что же такое может выясниться? Соотношение национальностей внутри РФ изменится? Русские не первые по численности?

— Думаю, что первые, но в количественном составе могли и потерять. Прежде всего за счёт смешанных браков. Ведь в советские времена как было? Ребёнка в смешанном браке предпочитали записывать русским — так ему было потом проще продвигаться по жизни. Сегодня ситуация иная. Думаю, что и татары сохранят своё второе место. А вот численность российских немцев явно сократилась, равно как, скорее всего, выросло количество армян и азербайджанцев, так как переписывали не граждан РФ, а всех постоянно проживающих на этой территории.

— Кстати, насчёт российских немцев. Говорят даже о создании специальной комиссии при правительстве по восстановлению государственности российских немцев...

— В Госдуме разрабатывается законопроект о немцах как репрессированном народе. Речь идёт о намерении создать федеральную национально-культурную автономию как экстерриториальную общественную организацию.

В ходе переписи проявилось интересное явление: этнокультурные группы, например, казаки или татары, почувствовали себя единым целым. Раньше этот вопрос был жёстко увязан с территорией. А сегодня получилось так, что представители многих национальностей живут за пределами своей национально-территориальной автономии, но при этом ощущают общность интересов. И это своеобразный ответ этносов на глобализацию.

— Но не доведёт ли такая «общность» до выделения из состава РФ?

— Наоборот, общероссийская национально-культурная общность скрепляет страну. Суть национальной политики сводится к тому, чтобы каждый гражданин вне зависимости от своей национальности чувствовал себя комфортно в любой точке страны, будь это русский в Татарстане или татарин в Рязани. Сегодня у нас создано около 300 национально-культурных автономий — это нечто новое в российской практике. Из них 14 федеральных национально-культурных автономий, 70 региональных и около 200 местных.

— Почему же русские не создают таких автономий? Основная национальность никак свои интересы не защищает — этот тезис в последнее время доводится слышать всё чаще и чаще...

— Там, где русские составляют этническое меньшинство, они организуются. Ведь для чего объединяются люди любой национальности? Чтобы иметь возможность читать газеты на родном языке, слушать песни, музыку и т. д. В любом уголке РФ русские могут слушать телепередачи на своём языке. Иными словами, в областях, где русских 90 и выше процентов населения, такие организации не нужны. А там, где русских мало, они есть.

(По материалам: Итоги. 12 ноября 2002. Светлана Сухова)

2 **Укажите вопросы, которые вызвали у вас наибольший интерес. Почему?**

3 **Письменно ответьте на следующие вопросы.**

— О чём (тема) интервью? (укажите основные темы, затронутые в этом интервью)

— Что интересного, нового вы узнали из беседы журналиста с участником интервью?

— Какой вопрос журналиста показался вам самым интересным?

— Какими вам представляются участники интервью?

— Можно ли судить о личности участников и их характерах по тексту интервью?

— Какой ещё вопрос вы задали бы, если бы журналистом оказались вы?

4 **Обсудите интервью с однокурсниками, используя в своей речи предложенные лексические средства.**

а) отметил
подчеркнул
подтвердил
считает

б) указал на что
кто заметил что

в) выразил мнение / желание / уверенность / надежду, что

г) по его мнению
по его словам
по его оценке

д) отвечая на вопросы

Фразеологизмы

1. Не по годам — не по возрасту.

С годами — по прошествии ряда лет, со временем.

Год на год не приходится — одно время не похоже на другое; трудно предвидеть, что будет.

Год от году (года) — с каждым годом.

Из года в год — постоянно, в течение нескольких лет.

2. Прийтись (кому-л.) **по вкусу** (или **по сердцу, по нраву, по душе)** — понравиться.

Прийтись кстати — оказаться нужным, уместным; произойти, появиться в подходящий момент.

Задания

1. **Проверьте себя: знаете ли вы значения данных фразеологизмов?**
2. **Найдите эквиваленты данных фразеологизмов в вашем родном языке.**
3. **Составьте предложения с данными фразеологизмами.**

Дискуссия

Выскажите свою точку зрения на тему: *«Каково сегодня лицо российской национальности?»*.

ТЕКСТ 6

КАК ОБЪЕДИНЯЮТСЯ НАРОДЫ ПО ЯЗЫКОВОМУ ПРИЗНАКУ?

Комментарий к словам и словосочетаниям

Перепись — массовый учёт кого-л., чего-л. *Перепись населения.*

Подавляющий — *в знач. прил.*: превосходящий, преобладающий в каком-л. отношении. *Законопроект принят подавляющим большинством голосов.*

Предтекстовые задания

1 Слушайте слова и в паузах записывайте их, ставя ударение.

....

....

....

....

....

....

2 Запишите словами цифровой материал и сокращения.

1. Согласно переписи 2002 г. ....

2. Народы славянской группы 82,39 % — .... , русские 79,8 % — .... , украинцы 2,03 % — .... , белорусы 0,56 % — ....

3. Татары — второй по численности народ России: 5,6 млн. ....

4. Народы говорят более чем на 100 языках ....

Задания к тексту

① Прочитайте текст. На каких языках говорит подавляющая часть населения России?

На нашей планете более двух тысяч языков. Все они отличаются друг от друга, но у каждого из них есть родственные языки.

В зависимости от происхождения языков все народы объединяются в языковые семьи и группы. Согласно переписи 2002 г., подавляющая часть населения России говорит на языках индоевропейской семьи. Прежде всего, это народы славянской группы (82,39 %): русские (79,8 %), украинцы (2,03 %), белорусы (0,56 %). Второй после индоевропейской языковой семьи является алтайская. К ней относятся в основном народы тюркской группы. Крупнейший среди них — татары — второй по численности народ России (5,5 млн.), затем — чуваши и башкиры.

Третье и четвёртое места по численности занимают народы уральской и северокавказской семей (более 3 млн. человек каждая).

В настоящее время населяющие Россию народы говорят более чем на 100 языках, принадлежащих к разным языковым семьям и группам: **индоевропейские языки, уральские языки, финно-угорские языки, самодийские языки, тюркские языки, северокавказские языки** и т. д.

Языки, число носителей которых весьма невелико и сфера употребления которых весьма ограниченна, к сожалению, недостаточно хорошо изучены и описаны языковедами, — в частности, те, которые находятся на грани исчезновения.

② Перечитайте текст. Составьте письменный вопросный план.

③ Перескажите текст, используя составленный вами вопросный план.

④ Познакомьтесь с приложением № 4 и ответьте на вопросы:

1. Что показалось вам интересным в предложенном материале?
2. Какие данные вас удивили? Почему?
3. Какие языки функционируют в вашей стране?
4. К какой группе языков относится ваш родной язык?

Фразеологизмы

Язык хорошо подвешен (у кого-л.) — о красноречивом, хорошо говорящем человеке.

Язык чешется (у кого-л.) — о большом желании высказаться, высказать своё мнение.

Язык сломаешь — об очень трудных для произношения словах, фразах.

Проглотить язык — о нежелании говорить что-л.; молчать.

Язык проглотишь — об очень вкусной пище.

Говорить на разных языках — не понимать друг друга.

Говорить русским языком (или **сказать**) — говорить (сказать) ясно, понятно, доходчиво.

Задания

1 Проверьте себя: знаете ли вы значения данных фразеологизмов?

2 Найдите эквиваленты данных фразеологизмов в вашем родном языке.

3 Составьте предложения с данными фразеологизмами.

Глава 4

✓ Назывной план

Тема: Национально-государственное и административно-территориальное устройство России

✓ Тезисный план

Тема: Форма государственного устройства РФ

✓ Тезисы

Тема: Территориальная организация государственной власти в РФ

4.1. НАЗЫВНОЙ ПЛАН

Назывной план — это план текста в виде назывных предложений.

Чаще всего он выражается при помощи отглагольных существительных.

Сравните:

Вопросный план	Назывной план
Как влияет протяжённость границ России на число сухопутных соседей?	Влияние протяжённости границ России на число сухопутных соседей.
Какие границы наиболее благоприятны для связи с другими станами?	Границы, наиболее благоприятные для связи с другими станами.
Какова протяжённость морского побережья России?	Протяжённость морского побережья России.

ТЕКСТ 1

ОБЩИЕ ПОНЯТИЯ ГОСУДАРСТВЕННОГО УСТРОЙСТВА

Комментарий к словам и словосочетаниям

Централизация — сосредоточение чего-л. в одном месте, в одних руках, в одном центре, подчинение чего-л. одному центру. *Централизация власти.*

Децентрализация — система управления, при которой часть функций центральной власти переходит к местным органам самоуправления. // Упразднение или ослабление централизации.

Дробление — *действие по глаг.* **дробить** и *состояние по глаг.* **дробиться**. Деление на части; размельчение; разделение.

Принудительный — происходящий по принуждению, насильно.

Порождать (породить) — вызывать к жизни, служить причиной появления чего-л. *Этот случай породил много слухов.*

Добровольность — *свойство по знач. прил.* **добровольный**; отсутствие принуждения, собственная воля как основное побуждение к действию. *Это дело требует полной добровольности.*

Предусматривать (предусмотреть) — иметь в виду, устанавливать; заранее учесть возможность чего-л. *Эту возможность необходимо было предусмотреть.*

Номинальный — 1. *Фин.*: выражаемый той или иной денежной стоимостью. *Номинальная цена.* 2. Являющийся каким-л. только по названию; фиктивный. *Номинально* (нареч.) *его можно считать студентом.*

Федеративный — относящийся к федерации, имеющий структуру федерации.

Федеральный — *син.:* **государственный**, **национальный**.

Предтекстовые задания

1. Устно составьте словосочетания, раскрывая скобки.

Государство (граница, слабый, русский, унитарный, часть).

Государственный (управление, аппарат, строй, герб, граница, устройство, собственность).

Государственность (новый, единый, мощный).

Федеративный (совещание, договор, республика, государство).

Федеральный (компетенция, закон, значение, законодательство).

Федерация (субъект, развал, Всемирные профсоюзы, Российский, асимметричный, выход из).

Гражданин (почётный, большая страна, сознательный).

Гражданство (российский, принять, отказаться от).

Гражданский (брак, общество, права, сознательность, лирика, союз).

2 К словам из текста, данным в левой колонке, подберите антонимы из правой.

приобретать →	зависимость
суверенный	→ терять
крупный	часто
различие	федеративное государство
распад	крошечный
самостоятельность	объединение
нередко	сходство
унитарное государство	зависимый

Задания к тексту

1 Прочитайте текст. Сформулируйте его основную тему.

Под государственным устройством понимается политико-территориальная организация власти, определяющая правовое положение региональных частей государства и их взаимоотношения с центральной властью. Исходя из этого положения, можно говорить о том, что государственное устройство является фактором, определяющим меру централизации и децентрализации власти в государстве. В территориально небольших государствах этот вопрос решается сравнительно легко, но в крупных государствах он становится достаточно серьёзной проблемой и приобретает политическую окраску.

Различают две основные формы государственного устройства: **унитарную** и **федеративную**.

Унитарным государством является государство, внутри которого нет государственных образований, а административно-территориальные единицы не обладают политической самостоятельностью. На данном этапе исторического развития большинство государств мира обладают именно этой формой государственного устройства.

Унитарное государство является централизованным, в нём законодательная, исполнительная и судебная власти имеют единые высшие органы, функции которых без всякого дробления распространяются на все части территории. Унитарное государство имеет одну конституцию, его суверенитет не подлежит разделу с какими-либо частями этого государства, не возникает вопроса о внутренних границах и территориальной целостности. Гражданство в таком государстве является единым. Это, однако, не исключает существования в административно-территориальных единицах местного самоуправления, которое в пределах своей компетенции действует самостоятельно.

Федеративное государство — это союз государственных образований, каждое из которых обладает определённой самостоятельностью. Субъекты такого союзного государства имеют одинаковый статус и равные права.

Федерация в основном объединяет субъекты с одинаковым правовым статусом. Однако в определённых случаях возможна и асимметричная федерация, когда приходится считаться с объективной реальностью. Например, когда субъекты федерации имеют принципиальные различия и их принудительное уравнивание может привести к обострению конфликтов и, следовательно, к сепаратизму, развалу федерации. К асимметричным федерациям западные учёные относят, например, Бельгию, Испанию и, конечно, Россию. Асимметричность Российской Федерации закреплена отчасти в Конституции Российской Федерации, и, главным образом, в договорах между Российской Федерацией и её субъектами.

Разделение компетенций между федеральной властью и субъектами федерации является труднейшей проблемой федеративного устройства. Субъекты федерации, как правило, обладают своей конституцией, органами государственной власти, гражданством. Федеральная власть совместно с властями субъектов федерации определяет федеральную компетенцию, компетенцию субъектов федерации и совместную компетенцию. Осуществление последней носит сложный характер, нередко порождая противоречия между властями федерации и её субъектами.

Федеративные государства юридически закрепляют добровольность объединения народов, но, как правило, не предусматривают права выхода того или иного субъекта федерации из союза.

Существует ещё одна форма государственного устройства — **конфедерация,** которая предполагает объединение нескольких суверенных государств. Такая форма объединения носит уже не государственно-правовой, а международно-правовой характер. Конфедерацию нельзя назвать устойчивой формой государственного устройства, так как со временем она, как правило, либо распадается на ряд суверенных государств, либо трансформируется в федерацию, которая даже при номинальном сохранении статуса конфедерации несёт в себе все основные федеративные свойства и признаки. Так, например, Канада и Швейцария, по сути давно превратившиеся в федерации, формально сохраняют конфедеративное устройство.

Федеративные государства отличаются следующими признаками:

1. В федеративном государстве кроме общефедеральной конституции, как правило, субъекты федерации имеют свои конституции или иные акты, определяющие их статус.

2. Субъект федерации наделяется правом принятия законов, которые действуют на его территории и должны соответствовать федеральному законодательству.

3. Субъекты федерации в ряде стран имеют свою правовую и судебную систему. Например, в каждом из 50 штатов США действует своя судебная система. В России действует единая правовая и судебная система.

4. Территория федеративного государства не составляет единого целого в политико-административном отношении. Она представляет собой совокупность территорий субъектов федерации и иногда территорий центрального подчинения.

5. В федеративных государствах характерно наличие двойного гражданства, которое закрепляется в конституциях. В России, так же как и в некоторых федерациях (Индия, Малайзия), признают только союзное гражданство.

6. Для большинства федераций характерна двухпалатная структура союзного парламента.

7. В зарубежных странах субъекты федерации не являются суверенными государствами. По конституциям республик, входящих в РФ, они провозглашаются суверенными. За некоторыми из них закреплено право свободного выхода из федерации.

2 Прочитайте текст ещё раз. Найдите в тексте ответы на вопросы, запишите их.

1. Что понимается под государственным устройством?

2. Кто определяет федеральную компетенцию, компетенцию субъектов федерации и совместную компетенцию?

3. В чём суть унитарного государства?

4. Какие формы государственного устройства существуют?

5. Какая форма государственного устройства действует в большинстве государств мира?

6. Какая форма объединения носит не государственно-правовой, а международно-правовой характер?

7. Почему нельзя назвать конфедерацию устойчивой формой государственного устройства?

8. Что понимается под государственным устройством?

9. Что может привести к обострению конфликтов и, следовательно, к сепаратизму, развалу федерации?

3 Прокомментируйте приведённые в тексте признаки, которые присущи федеративному государству.

4 Выпишите из текста наиболее значимую, на ваш взгляд, информацию.

5 Переделайте вопросный план в назывной.

1. Как в России действует единая правовая и судебная система?
2. Что определяет статус субъекта федерации?
3. Каково влияние субъектов федерации на принятие законов?
4. Какое значение имеет наличие двойного гражданства?

6 Подготовьте пересказ текста, опираясь на составленный вами назывной план.

Фразеологизмы

Вправе (сделать что-л.) — можно (кому-л.) (что-л. сделать). *Вы вправе так поступить.*

На правах (кого-л., чего-л.) — в качестве кого-л., чего-л.

По праву — законно, с полным основанием. *Этот дом принадлежит вам по праву.*

Вступить в свои права — проявиться в полной силе.

Получить (приобрести) права (право) гражданства — *здесь перен.:* получить всеобщее признание, широкое распространение.

Задания

1. **Проверьте себя: знаете ли вы значения данных фразеологизмов?**
2. **Найдите эквиваленты данных фразеологизмов в вашем родном языке.**
3. **Составьте предложения с данными фразеологизмами.**

ТЕКСТ 2

ПРИНЦИПЫ ФЕДЕРАТИВНОГО УСТРОЙСТВА СОВРЕМЕННОЙ РОССИИ

Комментарий к словам и словосочетаниям

Формировать — 1. *Перен.:* воспитывать в ком-л. определённые черты характера; придавать чему-л. законченность, определённость. *Человека следует формировать с малых лет.* 2. Организовывать, составлять, создавать (какой-л. коллектив, учреждение, орган). *Формировать правительство.*

Круг — *перен.:* область, сфера какой-л. деятельности. *Круг деятельности.* // Перечень чего-л. *Круг тем. Круг вопросов.*

Попытка — действие, направленное на осуществление или достижение чего-л., но связанное с некоторым риском, неуверенностью в успехе, с пониманием возможной неудачи. *Сделать попытку сдать экзамен досрочно.*

Претендовать — 1. Добиваться обладания чем-л. *Претендовать на получение учёной степени.* 2. Приписывая себе какое-л. качество, особенность, добиваться признания другими этого качества, особенности. *Претендовать на интеллигентность.*

Отражать (отразить) — *перен.*: опровергать (обвинения, придирки и т. п.). *Отразить нападки.*

Оговориться — 1. Предупредить, объяснить заранее. *Должен заранее оговориться: я ситуации не понял.* 2. По ошибке сказать не то, что нужно. *Вы оговорились, это слово имеет совсем другое значение.*

Уравновешивать (уравновесить) — *перен.:* прийти в полное соответствие с чем-л. *Уравновешивать доводы более чёткими принципами.*

Незыблемость — *свойство по знач. прил.* **незыблемый**: 1. Устойчивый, неподвижный. *Незыблемость демократических ценностей.* 2. Твёрдость, непоколебимость; неизменность. *Незыблемая вера в победу.*

Верховенство — главенство, господство.

Результирующий — следующий, выходящий из определённого результата.

Нигилизм — 1. Полное отрицание всего общепризнанного, абсолютный скептицизм. 2. Общественное течение в России в 60-х гг. XIX в., отрицательно относившееся к устоям дворянского общества, крепостничеству.

Предтекстовые задания

1 Слушайте слова и в паузах записывайте их, ставя ударение.

....
....
....
....

2 Образуйте прилагательные от названий следующих республик.

Татарстан, Чечня, Ингушетия, Адыгея, Калмыкия, Бурятия, Дагестан, Северная Осетия — Алания, Кабардино-Балкария, Хакасия, Удмуртия, Чувашия, Карачаево-Черкессия, Марий Эл, Якутия.

Задания к тексту

1 Прочитайте текст. Скажите, о каком принципе государственного устройства в нём говорится.

Для понимания **федеративных принципов** действующей Конституции РФ необходимо вспомнить, в каких условиях она формировалась. Главное, особое место среди конституционных проблем в 1990–1993 годах, за решение которых разыгралась борьба между различными политическими силами, занимало **федеративное устройство**.

Конституция 1978 г. лишь формально называла Россию **федеративным государством**: в течение многих десятилетий специалисты спорили, каков же круг субъектов этой Федерации, ибо края и области признаками таких субъектов не обладали, а национально-автономные формирования занимали сравнительно небольшую часть территории России.

В процессе конституционного переустройства прежние автономные республики объявили себя суверенными государствами в составе России. Так же поступили бывшие автономные области, кроме Еврейской. Однако подобные попытки отдельных автономных округов успеха не имели.

Республики требовали преимущественного статуса в создаваемой Федерации, претендуя в первую очередь на право собственности на свои природные ресурсы.

Представители краёв и областей сумели отразить попытки разработчиков конституционного проекта создать условия для последующей оптимизации территориального устройства, получив гарантии сохранения существующей уже системы. В то же время они требовали для краёв и областей равного статуса с республиками.

Результатами этих противоречивых стремлений стало заключение **31 марта 1992 г.** трёх Федеративных договоров между Российской Федерацией, с одной стороны, и республиками, краями, областями, городами федерального значения (Москва и Санкт-Петербург), автономными округами и единственной оставшейся автономной областью – с другой. Апрельская конституционная реформа 1992 г. включила текст этих договоров в качестве приложения к Конституции.

Следует оговориться, что первый Федеративный договор подписан не всеми, а только 18 республиками: в нём не участвовали Татарстан, Чечня и Ингушетия. Чечня объявила себя независимым государством, хотя разделение бывшей Чечено-Ингушской Республики ещё не было оформлено.

Татарстан не был согласен с некоторыми положениями Федеративного договора и заключил отдельный договор с Российской Федерацией лишь в феврале 1994 года.

Впрочем, в последующие годы такие договоры заключили с Российской Федерацией многие другие входящие в её состав республики, а также ряд краёв и областей.

При этом, если договоры с Татарстаном и некоторыми другими республиками предусматривают несколько иное, по сравнению с действующей Конституцией, разграничение компетенции, увеличивая компетенцию республик за счёт федеральной, то в большинстве договоров разграничение компетенции касается лишь сферы совместного вéдения Российской Федерации и её субъектов.

При подписании Федеративного Договора и составлении проекта Конституции РФ сработал стереотип старого мышления: их составители спроецировали ранее справедливо раскритикованную модель СССР на Россию. Если в СССР субъекты делились на четыре «сорта», то субъекты Российской Федерации делятся на три:

1) суверенные республики, обладающие всей полнотой государственной власти;

2) несуверенные и неравноправные политико-территориальные образования (края, области, города федерального значения);

3) несуверенные и неравноправные национально-территориальные образования (автономные области, автономные округа).

Даёт о себе знать правовой нигилизм и низкая правовая культура; в стране сложилась ситуация, когда мало кто считается с Конституцией РФ и другими законами. В любой цивилизованной стране конституция — это святыня, у нас 19 из 21 республики приняли конституции, не соответствующие основному закону страны.

Децентрализация и растущая самостоятельность регионов уравновешивается базовыми **принципами**, заложенными в Конституции, которые гарантируют:

— незыблемость территориальной целостности государства;

— равноправие членов Федерации между собой и по отношению к федеральным органам государственной власти;

— единство основ государственного строя (соблюдение каждым регионом таких основополагающих принципов, как народовластие, разделение властей, многопартийность, равные избирательные права граждан);

— свободу передвижения людей, распространения информации, перемещения товаров и денег по всей территории государства;

— верховенство федерального законодательства;

— недопустимость действий, направленных на одностороннее изменение статусов членов Федерации.

2 Найдите в тексте ответы на вопросы, запишите их.

1. Почему Конституция 1978 г. формально называла Россию федеративным государством?
2. Какие требования выдвигали республики для своего статуса в создаваемой Федерации?
3. Какие договоры были заключены **31 марта 1992 г.** между Российской Федерацией и остальными субъектами Федерации?
4. Почему первый Федеративный договор не был подписан Татарстаном, Чечнёй и Ингушетией?
5. На какие три «сорта» делятся субъекты Российской Федерации?
6. В чём проявился правовой нигилизм и низкая правовая культура регионов?
7. Что гарантируют базовые **принципы,** заложенные в Конституции?

3 Выпишите из текста наиболее значимую, на ваш взгляд, информацию.

4 Прокомментируйте приведённые в тексте базовые принципы, уравновешивающие децентрализацию и растущую самостоятельность регионов.

5 Составьте назывной план текста.

6 Перескажите текст, опираясь на составленный вами назывной план.

Фразеологизмы

1. Заколдованный круг — *перен.*: обстоятельства жизни, которые трудно изменить; безвыходное положение.

Голова идёт (пошла) кругом (у кого-л.) — *перен.:* о состоянии растерянности (от большого количества дел, забот и т. п.). *У меня голова кругом пошла от всего, что я услышал.*

Круги под глазами — синева под глазами от усталости.

Сделать (дать) круг — пройти, проехать более дальним, чем было возможно, путём.

2. Брать (взять) верх — добиваться (добиться) преимущества, одолевать (одолеть).

Быть на вершине блаженства — испытывать чувство глубокого удовлетворения, удовольствия.

Задания

1. **Проверьте себя: знаете ли вы значения данных фразеологизмов?**
2. **Найдите эквиваленты данных фразеологизмов в вашем родном языке.**
3. **Составьте предложения с данными фразеологизмами.**

4.2. ТЕЗИСНЫЙ ПЛАН

Тезисный план, в отличие от вопросного и назывного, не только называет ту или иную часть текста, но и кратко излагает её основные положения. **Тезисный план** позволяет выразить суть текста в кратких формулировках.

Тезисный план составляется на основе опорных слов и словосочетаний.

ТЕКСТ 1

ФОРМА ГОСУДАРСТВЕННОГО УСТРОЙСТВА РФ

Комментарий к словам и словосочетаниям

Самоопределение — выявление народной воли в отношении своего национального и государственного устройства.

Правовое положение — положение, основанное на праве, отражающее нормы права.

Предтекстовые задания

1 От данных прилагательных образуйте наречия Составьте с ними предложения.

Равноправный, взаимный, согласный, блестящий, соответственный, законный, выгодный, искренний.

2 Поставьте глаголы-сказуемые из скобок в нужной форме. Соблюдайте согласование сказуемого с подлежащим.

1. Российская Федерация ... демократическим федеративным правовым государством с республиканской формой правления (**являться**).
2. Всем её народам Российская Федерация ... право на сохранение родного языка (**гарантировать**).

3. Федеративное устройство Российской Федерации ... на её государственной целостности (**основать**).

4. Статус субъекта Российской Федерации может ... по взаимному согласию Российской Федерации и субъекта Российской Федерации (**измениться**).

Задания к тексту

1 Прочитайте и перескажите текст.

Форма государственного устройства — **это территориальная организация государственной власти, соотношение государства как единого целого с его составными частями** и их правовое положение.

Российская Федерация — Россия — есть демократическое федеративное правовое государство с республиканской формой правления.

Федеративное устройство Российской Федерации основано на её государственной целостности, единстве системы государственной власти, разграничении предметов ве́дения и полномочий между органами государственной власти Российской Федерации и органами государственной власти субъектов Российской Федерации, равноправии и самоопределении народов в Российской Федерации.

Во взаимоотношениях с федеральными органами государственной власти все субъекты Российской Федерации равноправны между собой.

Статус субъекта Российской Федерации может быть изменён по взаимному согласию Российской Федерации и субъекта Российской Федерации в соответствии с федеральным конституционным законом.

Государственным языком Российской Федерации на всей её территории является **русский язык**.

Российская Федерация гарантирует всем её народам право на сохранение родного языка, создание условий для его изучения и развития.

Российская Федерация гарантирует права коренных малочисленных народов в соответствии с общепризнанными принципами и нормами международного права и международными договорами Российской Федерации.

Принятие в Российскую Федерацию и образование в её составе нового субъекта осуществляются в порядке, установленном федеральным конституционным законом.

2 **Разделите текст на части, сформулируйте вопрос к каждой части. Оформите вопросы в виде плана. Сравните составленный вами план с приведённым ниже (Задание 3).**

3 **Сопоставьте вопросный и тезисный планы. Сделайте вывод о том, что такое тезисный план.**

Вопросный план	**Тезисный план**
Какова форма государственного устройства РФ?	Россия — демократическое федеративное правовое государство с республиканской формой правления.
На чём основано федеративное устройство РФ?	Федеративное устройство Российской Федерации основано на её государственной целостности, единстве системы государственной власти, разграничении предметов ве́дения и полномочий между органами государственной власти Российской Федерации и органами государственной власти субъектов Российской Федерации, равноправии и самоопределении народов в РФ.
Как может быть изменён статус субъекта РФ?	Статус субъекта Российской Федерации может быть изменён по взаимному согласию РФ и субъекта РФ в соответствии с федеральным конституционным законом.
Какой язык является Государственным языком РФ?	Государственным языком РФ на всей её территории является русский язык.

4 **Запишите сжатый вариант текста *«Форма государственного устройства РФ»*, опираясь на составленный вами план (Задание 2).**

Фразеологизмы

1. В целости и сохранности (невредимости) — благополучно, без каких-л. потерь, ущерба.

2. Во власти чьей-л. / **под властью** кого-л. (чего-л.) — под воздействием, под влиянием.

Терять власть над собой — терять самообладание.

Задания

1. Проверьте себя: знаете ли вы значения данных фразеологизмов?

2. Найдите эквиваленты данных фразеологизмов в вашем родном языке.

3. Составьте предложения с данными фразеологизмами.

ТЕКСТ 2

ТЕРРИТОРИАЛЬНОЕ УСТРОЙСТВО РФ

Комментарий к словам и словосочетаниям

Правление — 1. *Сущ. по знач. глаг.* **править**. // Форма власти, управления. *Народное правление.* 2. Выборный орган, стоящий во главе какого-л. учреждения, организации и т. п. *Правление жилого дома.* // Заседание такого органа. *На правлении рассматривался план дальнейшей работы.* // Помещение, где находится такой орган. *Правление дома расположено в третьем подъезде.*

Деспотия — форма неограниченной самодержавной власти, отличающаяся правовым произволом, тирания. // Государство с такой формой правления.

Провинция — 1. Административно-территориальная единица в некоторых государствах. 2. Местность, удалённая от столицы.

Глубокая древность — давние времена, отдалённые в историческом времени.

Кровнородственные связи — отношения, основанные на родстве.
Повлечь за собой — потянуть за собой.

Предтекстовые задания

1 Слушайте слова и в паузах записывайте их, ставя ударение.

....
....
....

2 Образуйте и напишите словосочетания, употребив слова из скобок в нужном падеже.

Образец: выступить *с чем?* (инициатива) — *выступить с инициативой*

принять участие *в чём?* (устройство) ....
выступить *против чего?* (деспотия) ....
создать *что?* (организация) ....
участвовать *в чём?* (организация) ....
делить *на что?* (провинция) ....

Задания к тексту

1 Прочитайте и перескажите текст.

Как и форма правления, территориальное устройство также уходит своими корнями в глубокую древность. Уже древние восточные деспотии — империи — делились на провинции, города, завоёванные территории и т. д. Эти территориальные образования имели и свои органы власти и управления.

Так оно, собственно, и должно было быть при переходе человечества в IV–III тыс. до н. э. к государственной форме организации общества. Ведь именно возникновение первоначально городов-государств, а потом их различных форм привело к замене кровнородственных связей, которые были характерны для первобытного общества, территориальной организацией общества. Однако территориальная организация объективно повлекла за собой членение государств на более мелкие образования, появление сложной структуры органов государственного управления.

2 Ответьте на вопросы.

1. К какому выводу подводит нас автор?
2. Согласны ли вы с его выводами? Почему?

3 Расскажите о территориальном устройстве вашей страны.

Фразеологизмы

1. Бразды правления — власть, управление. *Взять бразды правления в свои руки.*

2. Формы общественного сознания — *филос.:* политические, правовые, религиозные, нравственные, художественные, философские и иные общественные идеи, взгляды, представления, так или иначе отражающие общественное бытие.

Форма мышления — *филос.:* тип или способ строения мысли.

В форме (быть) — в таком состоянии, которое позволяет полностью проявить свои способности, умения, силы.

По всей форме — как полагается, должным образом.

Задания

1 Проверьте себя: знаете ли вы значения данных фразеологизмов?

2 Найдите эквиваленты данных фразеологизмов в вашем родном языке.

3 Составьте предложения с данными фразеологизмами.

4.3. ТЕЗИСЫ

Тезисы (от греч. «положение, утверждение») — кратко и чётко сформулированные основные положения, мысли, которые автор намерен доказать, защитить или опровергнуть в своём докладе, лекции, выступлении. Как и в **тезисном плане**, каждая последующая мысль должна вытекать (следовать) из предыдущей, т. е. тезисы должны быть связаны внутренней логикой, последовательно раскрывать тему, основную мысль высказывания.

Тезисы — вторичные тексты, созданные на основе первичного.

Формулировка пункта плана только **называет** тему, а то, что говорится по этой теме в тексте, предельно кратко сформулировано в тезисе.

Более подробную информацию см. в Приложении № 8.

ТЕКСТ 1

СУБЪЕКТЫ РФ

Комментарий к словам и словосочетаниям

Полномочие — право, предоставляемое кому-л. кем-л. *Депутатские полномочия.*

Порождать (породить) — вызывать к жизни, служить причиной появления чего-л. *Породить слухи, сплетни.*

Перечень — список с перечислением кого-л., чего-л. в каком-л. порядке. *Перечень документов.*

Исконный – издавна, всегда существующий; постоянный, коренной. *Исконный житель. Исконные права народа на землю.*

Прерогатива — исключительное право, принадлежащее какому-л. государственному органу или должностному лицу. *Управление ядерной кнопкой — прерогатива президента страны.*

Рельефно — *здесь:* выразительно, чётко, ясно.

Самобытный — отличающийся природным своеобразием; не зависящий от каких-л. влияний, оригинальный. *Самобытная культура. Самобытный талант.*

Предтекстовые задания

1 Слушайте слова и словосочетания и в паузах записывайте их, ставя ударение.

....
....
....
....
....

2 Составьте как можно больше словосочетаний с предлагаемыми словами и словами с той же основой.

Государство, юрист, федерация, договор, округ, закон.

Задания к тексту

1 Прочитайте и перескажите текст «Субъекты Российской Федерации».

Российское государство — самобытная, уникальная федерация, построенная на договорно-конституционном правовом фундаменте. Основой регулирования и устройства федеративных отношений выступают двусторонние договоры о разграничении предметов ве́дения и полномочий. Немало вопросов порождает противоречивость двух изначально заложенных в основу государственного устройства России принципов: национально-территориального (республики, автономная область, автономные округа) и административно-территориального (края, области, города федерального значения). Большое число субъектов (по их числу Российская Федерация занимает первое место в мире) может грозить их неуправляемостью.

На сегодняшний день форма государственного устройства России и её структура определена в Конституции. Конституция Российской Федерации закрепляет конкретный численный, видовой и именной состав субъектов Российской Федерации на момент принятия действующей Конституции.

В Российской Федерации 89 субъектов, в том числе 21 республика, 6 краёв, 49 областей, 2 города федерального значения (Москва, Санкт-

Петербург), 1 автономная область (Еврейская) и 10 автономных округов.

Перечень субъектов федерации даётся в алфавитном порядке (на основе алфавита русского языка — государственного языка федерации). Такой подход подчёркивает юридическую нейтральность данного перечня: занимаемое в нём место никак не может повлиять на конституционный статус включённых в него субъектов.

Названия субъектов федерации даны в том варианте, который определён (или подтверждён) ими. Они отражают исторические и иные особенности местности, а названия республик, автономной области и автономных округов — имя титульных наций и народов. В Уставе Ханты-Мансийского автономного округа прямо записано, что данный округ «является исконным местом проживания коренных малочисленных народов ханты и манси и носит соответствующее этим народам наименование».

Присвоение и изменение наименования — прерогатива субъекта федерации. Недопустимо, чтобы наименование или переименование субъекта федерации затрагивало основы конституционного строя, права и свободы человека и гражданина, интересы других субъектов Российской Федерации в целом и интересы других государств, а также предполагало изменение состава Российской Федерации или конституционно-правового статуса её субъекта.

Юридический смысл собственного имени заключается в том, что в Конституции России не может быть никакого другого субъекта с таким названием; соответствующие конституционные и договорные отношения возникают не с абстрактным, а с каждым конкретным субъектом.

В настоящее время республики, автономную область и автономные округа по-прежнему отличают особенности национального состава населения, быта и культуры. Именно поэтому республики, где данные особенности выражены наиболее рельефно, наделены некоторыми специфическими правами. Вместе с тем, независимо от государственно-правовой формы, все члены Российской Федерации объединены одним понятием: «субъект Российской Федерации»; они равноправны в этом качестве, а также равноправны между собой во взаимоотношениях с федеральными органами государственной власти.

Край, область, город федерального значения, автономная область, автономный округ имеют свой устав и законодательство.

Отношения автономных округов, входящих в состав края или области, могут регулироваться федеральным законом и договором между органами государственной власти автономного округа и, соответственно, органами государственной власти края или области.

Нахождение автономного округа в крае или области, равно как и выход из края или области не влияют на его конституционно-правовой статус, закреплённый Основным Законом и Федеративным договором, а также на национально-государственное устройство и состав Российской Федерации.

Таким образом, понятия «вхождение» автономного округа в край или область либо «выход» его из края или области не совпадают с понятиями «объединение» и «разделение».

2. Закончите предложения, используя материал текста.

1. Российское государство — самобытная, уникальная федерация, так как ... .

2. Существует противоречивость двух изначально заложенных в основу государственного устройства России принципов: ... .

3. Конституция Российской Федерации закрепляет ... .

4. Статус субъекта федерации получили ... .

5. Названия субъектов федерации ... .

6. Республики, автономную область и автономные округа по-прежнему отличают особенности национального состава населения, быта и культуры, поэтому ... .

7. Независимо от государственно-правовой формы все члены Российской Федерации объединены ... .

8. Отношения автономных округов, входящих в состав края или области, могут регулироваться ... .

3. Выберите из текста материал, характеризующий:

а) форму государственного устройства России и её структуру;

б) порядок составления перечня субъектов федерации;

в) смысл названия субъектов федерации;

г) особенности республик, автономных областей и автономных округов.

4 Сравните план и тезисы к тексту. Чем отличается план от тезисов?

План	Тезисы
Форма государственного устройства РФ.	Российское государство — самобытная, уникальная федерация, построенная на договорно-конституционном правовом фундаменте.
Противоречивость двух принципов.	Национально-территориальный (республики, автономная область, автономные округа) и административно-территориальный (края, области, города федерального значения) принципы, заложенные в основу государственного устройства РФ, порождают немало вопросов.
Субъекты РФ.	В Российской Федерации 89 субъектов, в том числе 2 города федерального значения, 1 автономная область и 10 автономных округов.
Отличия субъектов РФ.	Республики, автономную область и автономные округа отличают особенности национального состава населения, быта и культуры.
Отношения между субъектами РФ.	Отношения автономных округов, входящих в состав края или области, могут регулироваться федеральным законом и договором между органами государственной власти автономного округа и, соответственно, органами государственной власти края или области.

Фразеологизмы

Статус-кво — 1. В международном праве положение, существующее или существовавшее в какой-л. определённый момент. *Сохранить статус-кво. Восстановить статус-кво.* 2. Любое положение чего-л. на какой-л. момент.

В наших (ваших) краях — у нас (вас), в нашей (вашей) местности.

На край света (земли) — куда-нибудь очень далеко.

Краем уха слышать (услышать) — случайно услышать что-л.

Задания

1. **Проверьте себя: знаете ли вы значения данных фразеологизмов?**
2. **Найдите эквиваленты данных фразеологизмов в вашем родном языке.**
3. **Составьте предложения с данными фразеологизмами.**

ТЕКСТ 2

НАИМЕНОВАНИЯ СУБЪЕКТОВ РФ

Комментарий к словам и словосочетаниям

Основание – 1. *Сущ. по знач. глаг.* **основать.** *Основание города.* Начало существования, момент возникновения, образования чего-л. *Со дня основания клуба прошёл год.* 2. То главное, на чём базируется, строится что-л. *Основанием можно считать следующую деталь.*

Предписывать (предписать) — 1. Отдать распоряжение о чём-л.; приказать что-л. *Предписано было явиться без опоздания.* 2. Сделать обязательным в соответствии с чем-л. (правилами, обычаями и т. п.); вменить в обязанность. *Следует выполнять предписанные правила поведения.*

Равнозначный — равный чему-л. по значению, значительности. *Равнозначные по своим последствиям события.*

Совмещать — *нареч., здесь:* одновременно выполнять. *Совмещать учебу с работой.* // Одновременно объединять в одном предмете, лице, явлении и т. п.; одновременно содержать в себе.

Установленный порядок — порядок, предусмотренный законодательством.

Карта — 1. Чертёж земной поверхности. *Географическая карта.* 2. Игральные карты. *Сдавать карты.*

Предтекстовые задания

1 **Подберите к словам из текста (левая колонка) контекстуальные синонимы (правая колонка).**

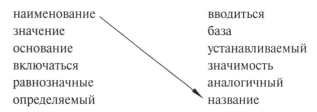

наименование	вводиться
значение	база
основание	устанавливаемый
включаться	значимость
равнозначные	аналогичный
определяемый	название

2 **Замените глагольные сочетания именными.**

О б р а з е ц: завершить переговоры — *завершение переговоров*

изменить наименование — ....
включить в Конституцию — ....
принять в установленном порядке — ....
подписать текст Конституции — ....
учесть новые наименования — ....
определить одно из названий — ....

Задания к тексту

1 **Прочитайте и перескажите текст.**

Изменение наименования республики, края, области, города федерального значения, автономной области, автономного округа вносится в текст Конституции указом Президента Российской Федерации на основании решения субъекта федерации, принятого в установленном порядке. Первый указ такого рода был издан Президентом России 9 января 1996 г. (№ 20), которым в Конституцию были включены новые названия субъектов федерации: Республика Ингушетия вместо «Ингушская Республика» и Республика Северная Осетия — Алания вместо «Республика Северная Осетия». Администрации Президента предписывалось при переиздании текста Конституции Российской Федерации учесть новые наименования данных субъектов.

Некоторые субъекты Российской Федерации имеют двойные названия, определяемые соответствующими конституциями как равнозначные: Республика Адыгея и Адыгея, Республика Башкортостан и Башкортостан, Республика Дагестан и Дагестан. Название субъекта, зафиксированное в федеральной Конституции на государственном языке Российской Федерации — русском (ч. 1 ст. 68 Конституции), должно быть традиционно русским либо таким, которое совместимо с фонетикой и грамматикой русского языка.

2 Устно ответьте на вопросы.

1. Куда и на каком основании включаются изменения наименования республики, края, области, города федерального значения, автономной области, автономного округа?
2. Кому предписывалось при переиздании текста Конституции РФ учесть новые наименования данных субъектов?
3. Какие субъекты РФ имеют двойные названия, определяемые соответствующими конституциями как равнозначные?
4. На каком языке включаются в текст российской Конституции названия субъектов?

3 Прочитайте названия субъектов федерации в Приложении № 5. Это даст вам представление об административном устройстве РФ и познакомит с названиями субъектов, которые входят в её состав.

В списке субъекты идут в том же порядке, что и в статье 65-й Конституции Российской Федерации от 12 декабря 1993 года: республики, края, области, города федерального значения, автономные области, автономные округа, дополнительные. Внутри этих подразделов субъекты упорядочены по алфавиту.

4 **Укажите, какие субъекты РФ сгруппированы по национально-территориальном устройству, а какие по — административно-территориальному принципу.**

1. Края
2. Республики
3. Области
4. Автономные округа
5. Города федерального значения
6. Автономная область

5 **Найдите на карте России субъекты РФ. Расскажите о географическом положении субъектов РФ.**

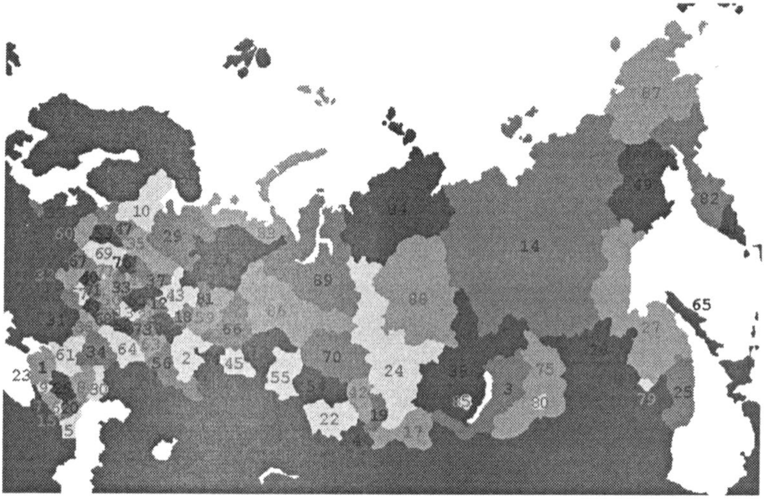

Фразеологизмы

1. Втирать очки — обманывать кого-л., представив что-л. в выгодном для себя свете.

2. На основе чего-л. — исходя из чего-л., опираясь на что-л.

Класть в основу — брать в качестве основы, исходного материала, положения и т. п.

Лежать в основе чего-л. (**лечь в основу** чего-л.) — являться (явиться) основой, главным образующим элементом чего-л.

3. До основания — *здесь:* совершенно, полностью.

На основании чего-л. — исходя из чего-л., опираясь на что-л.

4. (Давать / дать) карты в руки кому-л. — предоставить кому-л. свободу действий, передать инициативу кому-л.

Раскрыть (открыть) свои карты — перестать скрывать свои замыслы, намерения.

Смешать (спутать) чьи-л. **карты** — расстроить чьи-л. планы, намерения.

Ставить на карту что-л. — подвергать что-л. опасности, риску в надежде на какую-л. выгоду, выигрыш.

Задания

1. **Проверьте себя: знаете ли вы значения данных фразеологизмов?**
2. **Найдите эквиваленты данных фразеологизмов в вашем родном языке.**
3. **Составьте предложения с данными фразеологизмами.**

ТЕКСТ 3

ПРОБЛЕМЫ ЦЕЛОСТНОСТИ РОССИЙСКОЙ ФЕДЕРАЦИИ

Комментарий к словам и словосочетаниям

Поощрение — 1. *Сущ. по знач. глаг.* **поощрять**. 2. Похвала, награда, то, что стимулирует кого-л. к чему-л. *Поощрение призом.*

Верховенство — главенство, господство. *Верховенство закона.*

Доктрина — концепция, система. *Военная доктрина.*

Формирование — 1. *Сущ. по знач. глаг.* **формировать (формироваться)**. *Формирование характера.* 2. Воинское соединение, часть; террористические организации. *Вооружённые формирования.*

Пространственный — 1. *Соотносящийся по знач. с сущ.*: **пространство**. 2. Свойственный пространству, характерный для него. 3. Находящийся, расположенный в пространстве.

Предтекстовые задания

1 Образуйте прилагательные от данных существительных.

Гражданство, символ, закон, конституция, право, норма, государство.

2 Замените глагольные сочетания именными. Запишите образованные словосочетания.

О б р а з е ц: обладать самостоятельностью — *обладание самостоятельностью*

провозгласить суверенитет ....
принять правовые акты ....
противоречить законодательству ....
нарушать закон ....
создавать вооружённые силы ....
признать независимость ....

Задания к тексту

1 Прочитайте текст. Скажите, о чём в нём идёт речь.

Россия как федеративное государство имеет ряд признаков, определяющих её конституционно-правовой статус. К ним относятся суверенитет, территория, Конституция, федеральное законодательство, федеральное гражданство, система органов государственной власти, федеральная собственность, единые вооружённые силы, государственный язык и государственные символы. Российская Федерация суверенна, а её субъекты — нет.

Однако нормы ряда Конституций республик в составе Российской Федерации провозглашают суверенитет этих республик. Субъекты Российской Федерации обладают самостоятельностью только при решении вопросов своего предмета ведения. А термин «суверенитет» означает полную независимость как во внутренних делах, так и во внешних отношениях. Субъекты Российской Федерации должны принимать только те правовые акты, которые не содержат норм, противоречащих Конституции и федеральному законодательству.

С вопросом о суверенитете связан вопрос о территории, то есть о пространственном пределе распространения суверенитета. В Конституции Российской Федерации сказано: «Суверенитет России распространяется на всю её территорию».

В Конституции Российской Федерации отсутствует право субъектов на выход. Если бы такое право признавалось, это означало бы признание и поощрение нарушения государственной целостности страны. Несмотря на это, две республики в составе Российской Федерации — Чечня и Тыва — прямо закрепляют право выхода из состава Российской Федерации. Это противоречит Конституции Российской Федерации, её федеративной природе и, в случае реализации, приведёт к разрушению территориальной целостности России.

Конституция Российской Федерации имеет верховенство на всей территории России. Но некоторые конституции республик Российской Федерации и в этом вопросе противоречат Федеральной Конституции, признавая верховенство не федерального, а республиканского закона: если бы такой принцип действительно был реализован, это означало бы, что федерации нет, а есть несколько суверенных государств.

В России есть единые Вооружённые силы, единая система безопасности и обороны. Военная доктрина и структура Вооружённых сил определяются исключительно Федерацией. Республики в составе Российской Федерации не вправе создавать свои вооружённые силы, либо какие-нибудь иные вооружённые формирования.

2 Найдите в тексте следующие элементы.

1. Признаки, определяющие конституционно-правовой статус России как федеративного государства.
2. Предложения, подтверждающие, что Российская Федерация суверенна, а её субъекты — нет.
3. Предложения, в которых указываются права субъектов Российской Федерации.

3 Прочитайте тезисы. Устно прокомментируйте их, используя текст.

1. Россия как федеративное государство обладает рядом признаков, которые определяют её конституционно-правовой статус.
2. Российская Федерация суверенна, а её субъекты — нет. Термин «суверенитет» означает полную независимость как во внутренних делах,

так и во внешних отношениях. Субъекты Российской Федерации обладают самостоятельностью только при решении вопросов своего предмета ведения.

3. Суверенитет России распространяется на всю её территорию. В Конституции Российской Федерации отсутствует право субъектов на выход. Признание такого права может привести к разрушению государственной и территориальной целостности России.

4. Конституция Российской Федерации имеет верховенство на всей территории России. Однако некоторые конституции республик РФ и в этом вопросе противоречат Федеральной Конституции, признавая верховенство республиканского закона, а не федерального. Это опасная тенденция.

5. В России есть единые Вооружённые силы, единая система безопасности и обороны. Военная доктрина и структура Вооружённых сил определяются исключительно Федерацией.

Фразеологизмы

1. Дать (найти и т. п.) **выход** чему-л. — дать возможность проявиться чему-л.

Знать все ходы и выходы — хорошо знать что-л., быть осведомлённым в чём-л.

2. Не выходить из головы — быть постоянно в мыслях, в сознании, в памяти.

Из ряда вон выходящий — необыкновенный, сильно отличающийся от других.

Задания

1 **Проверьте себя: знаете ли вы значения данных фразеологизмов?**

2 **Найдите эквиваленты данных фразеологизмов в вашем родном языке.**

3 **Составьте предложения с данными фразеологизмами.**

Дискуссия

Подготовьте выступления на одну из предложенных тем (по выбору). Используйте материалы изученной главы.

1. Формы государственного устройства.

2. Субъекты Российской Федерации.

3. Федеративное устройство современной России.

4. Проблемы целостности Российской Федерации.

ТЕКСТ 4

ЗАРОЖДЕНИЕ ФЕДЕРАТИВНОГО СТРОЯ В РОССИИ

Комментарий к словам и словосочетаниям

Проникновение — *сущ. по знач. глаг.* **проникнуть**. *Проникновение передовых идей.*

Беспощадно — жестоко, бессердечно.

Подавлять (подавить) — насильственно положить конец чему-л.; прекратить что-л. при помощи силы.

Подменять (подменить) — 1. Тайно, незаметно заменить одно другим. 2. Заменить кого-л. на время, временно; на короткий срок возложить на кого-л. чьи-л. обязанности.

Репрессированный — подвергнутый незаконному наказанию.

Придаток — то, что является добавлением к чему-л., не имеет самостоятельного значения. *Пристройка к театру существовала как ненужный придаток.*

Монархия — форма правления, при которой верховная власть в государстве сосредоточена в руках единоличного главы государства — монарха, передающего власть по наследству; государство с такой формой правления. *Конституционная монархия.*

Неограниченная монархия — государство, в котором верховная власть полностью принадлежит монарху.

Ограниченная (конституционная) монархия — государство, в котором власть монарха формально ограничена законом.

Урезать в правах — ограничить в правах.

Предтекстовые задания

1 Слушайте слова и в паузах записывайте их, ставя ударение.

....

....

....

....

2 Образуйте и запишите словосочетания со следующими словами по образцу.

О б р а з е ц: независимость + автономия — *независимая автономия*

федерация + устройство — ....
большевик + власть — ....
буржуазия + государство — ....
правительство + решение — ....
государство + суверенитет — ....

Задания к тексту

1 Прочитайте текст. Объясните смысл заголовка «Зарождение федеративного строя в России».

Первые идеи о федерации в России появились ещё в XVII в. В то время Россия существовала как единая и неделимая монархия. Только в начале XX века с проникновением идей социализма в Россию начался новый этап движения за федеративное устройство Российской империи. Однако попытки создать и развить национально-культурную автономию беспощадно подавлялись царским правительством. Лишь после революции февраля 1917 года у народов Российской империи появилась возможность самоопределения.

После прихода к власти большевиков произошло выделение из России территорий вновь образовавшихся независимых республик. В двух случаях за счёт этого были образованы буржуазные государства — Финляндия и Польша, в остальных — Украинская, Латвийская, Азербайджанская и другие советские республики. Большевики придерживались идеи национально-территориальной организации государственного строительства. Лишь в незначительном числе случаев выдвигалась идея культурно-национальной автономии.

В годы гражданской войны развернулось широкое строительство автономий в составе РСФСР. Почти все вновь создаваемые автономии приобрели национальные имена: Трудовая Коммуна немцев Поволжья, Карельская Трудовая Коммуна, Башкирская, Татарская, Киргизская, Туркестанская автономные республики; Чувашская, Марийская, Калмыцкая автономные области и т. д.

После победы большевиков в гражданской войне автономии, находившиеся в составе РСФСР, были урезаны в правах. Вокруг независимых государств, которые к тому времени уже превратились в придатки России (кроме Польши и Финляндии), развернулся спор: включать эти государства в РСФСР в качестве автономий или образовать с ними федерацию. В итоге победили федералисты, и был образован Союз Советских Социалистических Республик. Однако вскоре, в результате прихода к власти одного из виднейших деятелей-автономистов И.В. Сталина, федерация была постепенно подменена автономией, хотя внешне продолжала оставаться федерацией.

Как известно, Российская Федерация долгое время (1922–1991 гг.) входила в качестве суверенной союзной республики в состав другого федеративного государства — Союза ССР, объединявшего 15 союзных республик. Исторически первой была образована Российская Федерация (тогда РСФСР), которая в 1922 г. объединилась с тремя другими республиками (Белоруссией, Украиной, Закавказской Федерацией); они и положили начало Союзу ССР.

В 1991 году права репрессированных народов были восстановлены, воссозданы и их национально-государственные образования. Многие автономные республики провозгласили государственный суверенитет; в настоящее время они рассматриваются как республики в составе Российской Федерации.

2 **В каждом абзаце выделите предложения, которые раскрывают главную мысль абзаца. Запишите их в том порядке, в котором они расположены в тексте. Пронумеруйте их. У вас получатся тезисы.**

3 **Прочитайте тексты 1–4. Выпишите из каждого текста ту информацию, которая не содержится в остальных.**

4 **Подготовьте общие тезисы на основе всех текстов данного параграфа.**

Фразеологизмы

В случае чего-л. — если случится, если возникнет какое-л. событие, обстоятельство и т. п.

От случая к случаю — не всегда, не регулярно, время от времени.

По случаю — случайно.

В (том) случае, если... — если произойдёт так, что... .

На всякий случай — ради возможной надобности. *Взять с собой деньги на всякий случай.*

Ни в коем случае — никогда, ни при каких условиях.

Во всяком случае — при любых обстоятельствах.

Задания

1. Проверьте себя: знаете ли вы значения данных фразеологизмов?

2. Найдите эквиваленты данных фразеологизмов в вашем родном языке.

3. Составьте предложения с данными фразеологизмами.

ТЕКСТ 5

МАЛОЧИСЛЕННЫЕ НАРОДЫ РОССИЙСКОЙ ФЕДЕРАЦИИ

Комментарий к словам и словосочетаниям

Позволять (позволить) — давать позволение, разрешать делать что-л.

Недра — глубины земли, места под земной поверхностью.

Отчисление — *сущ. по знач. глаг.* **отчислять**: 1. Вычесть, удержать из какой-л. Суммы. 2. Исключить из числа членов какой-л. организации, из состава учащихся какого-л. Учебного заведения и т. п.

Дробность — *свойство по знач. прил.* **дробный**: разделённый на части; расчленённость.

Предтекстовые задания

1 Слушайте слова и в паузах записывайте их, ставя ударение.

....
....
....
....
....

2 Прочитайте слова и словосочетания. Напишите своими словами значения выделенных слов, исходя из их структуры.

Образец: еженедельный журнал — *журнал, который выходит каждую неделю*

малочисленные народы ....
общепризнанные принципы ....
международные права ....
международные договоры ....
землепользование ....
налогообложение ....

Задания к тексту

1 Прочитайте текст.

Большое количество коренных малочисленных народов, населяющих территорию России, не позволяет предоставить каждому из них статус субъекта Федерации. Это привело бы к ещё большей дробности Федерации, и без этого весьма значительной. Однако эти народы нуждаются в признании своих особых прав в соответствии с общепризнанными принципами международного права и международными договорами Российской Федерации. Статус коренных малочисленных народов закреплён в ряде федеральных законов.

Так, Лесной кодекс устанавливает режим землепользования и ведения лесного хозяйства в местах проживания этих народов. Закон о недрах предусматривает отчисления на нужды социально-экономического развития коренных малочисленных народов при пользовании недрами в районах их проживания. Определённые льготы введены законами о налогообложении, о приватизации государственных и муниципальных предприятий и др. Основы законодательства о культуре гарантируют поддержку в отношении сохранения культурно-национальной стабильности малочисленных народов.

2 **Расскажите о статусе коренных малочисленных народов, населяющих территорию России: об особых правах этих народов, льготах и гарантиях для них. Используйте все изученные материалы параграфа.**

3 **Запишите выполненное Задание 2 в виде тезисов.**

Фразеологизмы

1. **Дать права (право)** — признать, уполномочить, узаконить.

На птичьих правах (жить, быть и т. п.) — не имея прочных прав, положения, обеспечения и т. п.

На равных правах — в одинаковом положении, быть равным кому-л.

2. Позволять себе что-л. — 1. Пренебрегая чем-л., совершать какой-л. поступок. *Позволить себе ударить человека.* 2. Быть в состоянии сделать что-л. *Позволить себе во время сессии поехать на курорт.*

Задания

1 **Проверьте себя: знаете ли вы значения данных фразеологизмов?**

2 **Найдите эквиваленты данных фразеологизмов в вашем родном языке.**

3 **Составьте предложения с данными фразеологизмами.**

4 **Вспомните, какие ещё фразеологизмы вы уже знаете со словом *«право»*.**

Глава 5

✓ Конспект

Тема: Органы государственной власти субъекта федерации

5.1. КОНСПЕКТ

Конспект (от лат. «обзор») — краткое письменное изложение или запись содержания чего-л. (лекции, речи, статьи, научной работы, труда). Наиболее важные, значимые положения текста-источника могут быть переданы словами автора текста (с сокращениями и без них) или более обобщённо, своими словами.

Чтобы правильно законспектировать текст, необходимо:

• определить тему, основную мысль текста;

• подобрать к главной мысли каждого абзаца минимум примеров (если в этом есть необходимость);

• выяснить, какие части текста нужно привести с незначительными изменениями.

Вспомните, что при выделении опорных слов и словосочетаний составляется **тезисный план**. При исключении из абзацев дополнительной и второстепенной информации (примеры, различные пояснения, авторские отступления, ссылки на авторитеты, цитаты) составляются **тезисы**. При добавлении к тезисам фактического материала составляется **конспект**.

ТЕКСТ 1

ПРИНЦИПЫ ГОСУДАРСТВЕННОГО СУВЕРЕНИТЕТА И РАЗДЕЛЕНИЯ ВЛАСТЕЙ

Комментарий к словам и словосочетаниям

Суть — самое главное и существенное в чём-л.; сущность. *Суть дела. Суть вопроса.*

Орган — организация, учреждение, выполняющее определённые задачи в той или иной области жизни. *Органы власти. Органы здравоохранения. Судебный орган. Печатный орган партии власти.*

Противовес — *перен.*: положение, явление, уравновешивающее что-л., противодействующее чему-л.

Полномочие — право, предоставленное кому-л. кем-л.

Надзор — 1. Наблюдение за кем-л., чем-л. с целью охраны, контроля. 2. Группа надзирающих лиц, орган наблюдения за кем-л., чем-л., контроля над кем-л., чем-л.

Надзорный орган — учреждение, связанное с деятельностью прокурорского надзора. *Надзорные органы Суда.*

Подзаконный — подчиняющийся закону.

Отрешение от должности — освобождение от какой-л. Должности за нарушение закона, неправильные действия и т. п. *Отрешение президента от должности.*

Предтекстовые задания

1. Составьте возможные словосочетания с данными прилагательными.

Нормативный, законодательный, уравновешенный, исполнительный, судебный, надзорный, федеральный, провозглашённый, юридический.

2. Подберите к каждому термину соответствующее определение.

Законоведение	Проект закона, представленный на утверждение законодательных органов.
Противозаконный →	Тот, кто устанавливает законы.
Законодатель	→ Противоречащий закону.
Законовед	1. Составление и издание законов. 2. Совокупность законов какой-л. страны или какой-л. области права.
Законодательство	Совокупность сведений о законах как предмет преподавания.
Закономерный	Соответствие закону.
Законность	Рождённый от родителей, состоящих в законном браке.
Законнорождённый	Относящийся к законодательству.
Законопроект	Подчиняющийся закону.
Законодательный	Специалист в области законоведения; юрист.

Задания к тексту

1 Определите по заголовку, о чём пойдёт речь в тексте «Принципы государственного суверенитета и разделения властей».

К основам конституционного строя относятся принципы внутренней организации самого государственно-правового механизма. К ним, в первую очередь, следует отнести государственный суверенитет и разделение властей.

Суть принципа **государственного суверенитета** состоит в верховенстве и единстве государственной власти и распространении её на всю территорию России. Этот принцип означает обязательность актов федеральных органов власти для всех субъектов права на территории Российской Федерации, верховенство центральной (федеральной) власти по отношению к власти субъектов федерации.

Правовым выражением верховенства суверенитета Российской Федерации является **верховенство Конституции РФ и федеральных законов** на всей территории РФ. Конституция обязательна для исполнения всеми субъектами права на территории России, она обладает высшей юридической силой по отношению к федеральным законам, законам субъектов федерации, любым подзаконным актам органов государственной власти, а также нормативным актам органов местного самоуправления. Важнейший принцип внутреннего построения демократической государственной власти — **разделение властей**. Смысл разделения властей состоит в относительной самостоятельности и независимости различных структур (частей) государственного механизма — законодательных, исполнительных, судебных и иных органов, например, надзорных. Цели такой системы построения власти следующие: 1) предупреждение произвола и сосредоточения власти в руках одного лица или какого-либо органа, группы органов; 2) обеспечение высокого профессионализма и эффективности в выполнении различных специфических функций власти; 3) наиболее широкое представление во власти интересов различных слоёв и групп населения.

В системе разделения властей одна ветвь государственной власти ограничивается и контролируется другой, они взаимно уравновешивают друг друга, как механизм противовесов. В Конституции РФ установлено: «Государственная власть в Российской Федерации осуществляется на основе разделения на законодательную, исполнительную и судебную. Органы законодательной, исполнительной и судебной власти самостоятельны».

Принцип разделения полномочий между различными системами органов предполагает не только их определённую самостоятельность и взаимосвязь, но и тесное взаимодействие (например, процедура назначения главы правительства, отрешения Президента от должности, решение проблем федерального бюджета, введение чрезвычайных режимов и др.).

Провозглашение **суверенитета** предполагает верховенство и единство власти Федерации и обязательность актов её органов для всех физических лиц на территории Российской Федерации. А **принцип разделения властей** реализуется и конкретизируется в нормах Конституции, определяющих статус и компетенцию Федерального Собрания, Президента, Правительства и судов Российской Федерации.

2 Закончите предложения, используя материал текста.

1. К основам конституционного строя, в первую очередь, следует отнести ... .
2. Правовым выражением верховенства суверенитета Российской Федерации является ... .
3. Смысл разделения властей состоит в относительной самостоятельности и независимости различных структур государственного механизма, а именно: ... .
4. Принцип разделения полномочий между различными системами органов предполагает ... .
5. Провозглашение **суверенитета** предполагает ... .
6. Принцип разделения властей реализуется и конкретизируется ... .

3 Прочитайте возможные варианты записи текста в форме плана, тезисов, конспекта. Укажите, чем отличаются друг от друга план, тезисы и конспект текста?

План

1. Основы конституционного строя.
2. Принцип государственного суверенитета.
3. Суть принципа разделения властей.

Тезисы

1. Основами конституционного строя являются принципы внутренней организации государственно-правового механизма.

2. Принцип **государственного суверенитета** — верховенство и единство государственной власти и её распространение на всей территории России.

3. Смысл разделения властей состоит в относительной самостоятельности и независимости различных структур (частей) государственного механизма — законодательных, исполнительных, судебных и иных органов, например, надзорных.

Конспект

1. Основами конституционного строя являются следующие принципы внутренней организации государственно-правового механизма: государственный суверенитет и разделение властей.

2. Суть принципа **государственного суверенитета** состоит в верховенстве и единстве государственной власти и распространении её на всей территории России. Этот принцип означает обязательность актов федеральных органов власти для всех субъектов права на территории Российской Федерации, верховенство центральной (федеральной) власти по отношению к власти субъектов федерации. Правовым выражением верховенства суверенитета Российской Федерации является **верховенство Конституции РФ и федеральных законов** на всей территории РФ.

Провозглашение **суверенитета** предполагает верховенство и единство власти Федерации и обязательность актов её органов для всех физических лиц на территории Российской Федерации.

3. Важнейший принцип внутреннего построения демократической государственной власти — **разделение властей**. Суть разделения властей — относительная самостоятельность и независимость различных структур (частей) государственного механизма — законодательных, исполнительных, судебных и иных органов, например, надзорных. Принцип разделения полномочий между различными системами органов предполагает не только их определённую самостоятельность и взаимосвязь, но и тесное взаимодействие (например, процедуры назначения главы правительства, отрешения Президента от должности, решение проблем федерального бюджета, введение чрезвычайных режимов и др.).

Принцип разделения властей реализуется и конкретизируется в нормах Конституции, определяющих статус и компетенцию Федерального Собрания, Президента, Правительства и судов Российской Федерации.

◇4 Выберите из газеты или журнала публикацию по теме *«Принципы государственного суверенитета и разделения властей»*. Изложите содержание прочитанной публикации в виде конспекта.

Фразеологизмы

1. По сути дела — в сущности, в действительности.

Не суть важно — *разг.*: не существенно, не имеет значения.

2. В противовес кому-л., чему-л. — то же, что **в противоположность**. *В противовес неблагоприятным отзывам о моей дипломной работе, декан выступил решительно за меня.*

Задания

◇1 Проверьте себя: знаете ли вы значения данных фразеологизмов?

◇2 Найдите эквиваленты данных фразеологизмов в вашем родном языке.

◇3 Составьте предложения с данными фразеологизмами.

Дискуссия

Выскажите свою точку зрения на тему: *«Проблема суверенитета»*.

ТЕКСТ 2

ОРГАНЫ ИСПОЛНИТЕЛЬНОЙ, ЗАКОНОДАТЕЛЬНОЙ И СУДЕБНОЙ ВЛАСТИ

Комментарий к словам и словосочетаниям

Догмат — 1. Основное положение в религиозном вероучении, принимаемое на веру и не подлежащее критике. 2. То же, что **догма**: положение, принимаемое за непререкаемую истину, неизменную для всех времён и исторических условий.

Представительный — состоящий из чьих-л. представителей, выбранный. *Представительные учреждения.*

Закреплять (закрепить) — *здесь:* утвердить за кем-л., чем-л., обеспечить права на кого-л., что-л. за кем-л., чем-л. *Закрепить право на собственность.*

Судебный — 1. *Прил. к* **суд.** *Судебное заседание. Судебные органы.* // Связанный с ведением суда. *Привлечь к судебной ответственности.* 2. Относящийся к судопроизводству. *Судебный процесс. Судебная практика.*

Единоличный — представленный в одном лице.

Предтекстовые задания

1 **Вставьте пропущенные окончания.**

федеративн... характер
государственн... власть
федеральн... органы, органы субъект... Федерации
общефедеральн... основы
закреплены в Конституц...
систем... органов власт...
Федеральн... Собранию
на федеральн... уровне
разделение законодательн..., исполнительн... и судебн... власт...

основам конституционн... строя
о республиканской форм... правления
принципам правов... , социальн... и светск... государства
создавать систем... государственной власт...
единоличн... глава государств...
представительн... орган
судебн... органы

2 Прочитайте слова и словосочетания, содержащие существительное *право*. Объясните своими словами значения выделенных слов. Запишите полученный вариант.

Образец: правозащитные организации — *организации, которые защищают права человека*

правозащитник ....
равноправие граждан ....
правонарушитель ....
правосудие ....
правомочный представитель ....
правовед ....

Задания к тексту

1 Слушайте текст без опоры на печатный вариант. Определите тему текста.

2 Вставьте вместо точек вопросительные слова. Ответьте на вопросы.

— ... предполагает федеративный характер Российского государства?

— ... закреплены наиболее важные, общефедеральные основы организации государственной власти в субъекте Федерации?

— ... должна соответствовать схема основных органов субъекта Федерации и их взаимоотношений?

— ... должна строиться государственная власть в субъекте РФ?

— ... субъект РФ создавать систему государственной власти на основе каких-либо религиозных догматов, монархической власти и т. п.?

(3) Прочитайте прослушанный текст (см. Приложение 1) и выпишите из каждого абзаца предложения, содержащие основную, на ваш взгляд, информацию.

(4) Перескажите текст. Используйте в своей речи выделенные в тексте слова и словосочетания.

ТЕКСТ 3

ОРГАНЫ ЗАКОНОДАТЕЛЬНОЙ (ПРЕДСТАВИТЕЛЬНОЙ) ВЛАСТИ

Комментарий к словам и словосочетаниям

Колебаться — 1. *Перен.*: быть неустойчивым, непостоянным; меняться. *Цены колеблются.* 2. *Перен.*: быть в нерешительности, испытывать неуверенность, сомневаться. *Он колебался, не знал, за кого голосовать.*

Представительство — 1. Наличие где-л. представителей какой-л. организации. *Представительство в депутатском корпусе.* 2. Выполнение обязанностей представителя, обладание правами представителя. *Судебное представительство.* 3. Должность, права и обязанности представителя. *Получить представительство.* 4. Учреждение, представляющее чьи-л. интересы. *Дипломатические представительства иностранных государств.*

Неприкосновенность — *свойство и состояние по знач. прил.* **неприкосновенный**. *Неприкосновенность личности.*

Неприкосновенный — сохраняемый в целости, в нетронутом виде. *Неприкосновенный запас.* // Защищённый от всяких посягательств со стороны кого-л. *Неприкосновенное лицо.*

Полномочный — наделённый, обладающий какими-л. полномочиями. *Полномочный посол.*

Подвергать (подвергнуть) — сделать объектом кого-л. действия, произвести над кем-л., чем-л. какое-л. действие. *Подвергнуть наказанию.* // Заставить испытать, пережить что-л., поставить в какое-л. положение. *Подвергнуть себя риску. Подвергнуть испытанию.*

Мажоритарный — относящийся к большинству, основывающийся на большинстве. *Мажоритарная избирательная система.*

Пропорциональная избирательная система — система избирательного права, при которой голосование за кандидатов производится по партийным спискам, причём каждая партия получает количество мест пропорционально числу поданных за неё голосов. *Ср.*: **мажоритарная избирательная система** — система избирательного права, при которой избранным считается кандидат, получивший большинство голосов.

Местный — *здесь*: действующий или имеющий значение только в пределах определённой территории, местности.

Местное самоуправление — местное выборное учреждение, осуществляющее такое управление.

Предтекстовые задания

1 **Слушайте словосочетания и в паузах записывайте их, ставя ударение.**

....
....
....
....
....
....

2 **Вставьте подходящий по смыслу пропущенный глагол в нужной форме. Используйте слова для справок.**

1. Законодательные (представительные) органы ... законодательные функции. 2. Гражданин республики, ... 21 года, имеет право участвовать в выборах. 3. Выборы ... на основе всеобщего равного и прямого избирательного права при тайном голосовании. 4. Депутат парламента не ... обыску, а также личному досмотру. 5. В конституциях республик подробно ... законодательный процесс.

Слова для справок: осуществить / осуществлять, достигнуть / достигать, осуществиться / осуществляться, подвергаться / подвергнуться, регулироваться.

3 Образуйте словосочетания с предложенными словами. Запишите образованные словосочетания.

Образец: парламентский, фракция — *парламентская фракция*

законодательный, органы ....
законодательный, функция ....
законодательный, собрание ....
законодательный, процесс ....
законодательный, инициатива ....

Задания к тексту

1 Прочитайте текст. Расскажите, какие функции осуществляют законодательные органы в субъекте РФ.

Законодательные (представительные) органы в субъекте РФ осуществляют главным образом законодательные функции, принимая конституции (уставы), законы и другие правовые акты, утверждая бюджет.

Некоторые республики именуют свои представительные органы с учётом национальной терминологии (Народный Хурал в Бурятии и Калмыкии, Верховный Хурал — парламент в Тыве, Народное Собрание – Халнья Гулам – парламент в Ингушетии и др.).

Представительный орган в республике избирается на основе всеобщего равного и прямого избирательного права при тайном голосовании. Депутатом, как правило, может быть избран гражданин республики, достигший 21 года, имеющий право участвовать в выборах и проживающий в республике определённое количество лет. Сроки полномочий парламента колеблются в пределах 4–5 лет.

Структура некоторых парламентов отличается необычностью. Так, в Татарстане в структуре Верховного Совета существует постоянно действующее Законодательное Собрание, имеющее законодательные и контрольные функции. В Республике Тыва представительная система состоит из Верховного Хурала и Великого Хурала, причём первый выполняет обычные парламентские функции, а второй обладает исключительным правом вносить изменения и дополнения в Конституцию Республики.

Численный состав парламентов определяется конституциями и законами республик, т. е. на основе норм представительства, учитывающих размер территории и численность населения каждой республики. В результате парламент Ингушетии состоит из 27 депутатов, а парламент Татарстана — из 250 депутатов. Сессии проводятся обычно не реже двух раз в год.

В конституциях республик подробно регулируется законодательный процесс. Право законодательной инициативы, как правило, принадлежит депутатам, главе государства, правительству, прокурору, высшим судебным органам и Конституционному суду республик, органам местного самоуправления. Это право также предоставляется профсоюзам, например, республиканскому Совету профсоюзов (Мордовия, Карачаево-Черкессия, Татарстан), партиям и общественным объединениям (Кабардино-Балкария), общественным организациям (Карелия), съезду и народу (Коми).

Депутаты парламента пользуются неприкосновенностью в течение срока полномочий: депутат не может быть задержан, арестован, подвергнут личному досмотру, обыску, кроме случаев задержания на месте преступления. Лишение депутата неприкосновенности возможно только с согласия парламента.

Большинство законодательных органов субъектов РФ являются однопалатными. Однако есть и двухпалатная система (Свердловская область), причём выборы в одну палату проводятся на основе пропорционального представительства, а в другую – на основе мажоритарной системы.

Можно выделить три группы вопросов, разрешаемых законодательными (представительными) органами субъекта Федерации:

1. Вопросы организации и обеспечения государственной власти и местного самоуправления.
2. Вопросы обеспечения экономического и социального развития.
3. Вопросы обеспечения прав и свобод человека и гражданина.

◇2 Прокомментируйте информацию, касающуюся 1) правил избрания представительного органа в республике; 2) неприкосновенности депутатов парламента; 3) структуры и численного состава некоторых парламентов.

◇3 Раскройте смысл вопросов, разрешаемых законодательными (представительными) органами субъекта Федерации.

◇4 Перескажите текст своими словами.

Фразеологизмы

Закон не писан (кому-л., чему-л.; для кого-л., для чего-л.) — нет обязательных правил, норм поведения.

Вне закона — не пользующийся охраной и покровительством законов.

Драконовский (закон) — *перен.*: крайне жёсткий, беспощадный, очень строгий.

Вступить в (законную) силу — стать законным, действенным.

Законодательная инициатива — право вносить проекты законов в законодательный орган.

Задания

1. Проверьте себя: знаете ли вы значения данных фразеологизмов?

2. Найдите эквиваленты данных фразеологизмов в вашем родном языке.

3. Составьте предложения с данными фразеологизмами.

ТЕКСТ 4

ОРГАНЫ ИСПОЛНИТЕЛЬНОЙ ВЛАСТИ

Комментарий к словам и словосочетаниям

Обнародовать — объявить, опубликовать для всеобщего сведения. *Обнародовать указ.*

Инициатива — 1. Почин, пробуждение к действию. *Проявить инициативу.* 2. Руководящая роль в каких-л. действиях. *Завладеть инициативой.* 3. В международном праве: предложение, выдвинутое для обсуждения. *Мирные инициативы.* 4. **Законодательная инициатива** — право вносить проекты законов в законодательный орган с обязательностью для последнего обсудить их и принять решение.

Подряд — *здесь:* непосредственно один за другим, без перерыва.

Отрешение – отказ; освобождение от чего-л. *Отрешение от власти.*

Предтекстовые задания

1 Слушайте слова и в паузах записывайте их, ставя ударение.

....

....

....

....

2 Образуйте словосочетания, употребив слова из скобок в правильном падеже.

О б р а з е ц: место *где?* (система органов государственной власти) — *место в системе органов государственной власти*

принцип *чего?* (равноправие, тайное голосование, выбор, глава)

....

....

характерно *для чего? для кого?* (исполнительная власть, республика, законодательный орган)

....

....

отношения *с кем?* (Российская Федерация, республика, исполнительная власть, Народное Собрание)

....

....

отрешение *от чего?* (должность, власть, пост)

....

....

избираться на основе *чего?* (избирательное право, Конституция)

....

....

исполнять *что?* (функция, обязанность)

....

....

руководить *чем? кем?* (внешняя политика, республика, государство, международная организация)

....

....

③ Составьте предложения с данными словосочетаниями.

Исполнительная власть, утверждать пост, глава государства, форма правления, парламентская республика, должностное лицо, статус главы государства, гарант конституции, государственный суверенитет, законодательная инициатива, назначить представителя, полномочия главы государства, выборы вице-президента, отрешение от должности, город федерального значения, государственно-правовая форма.

Задания к тексту

① Прочитайте текст. Расскажите, какое место занимает исполнительная власть в субъекте РФ?

Исполнительная власть в субъекте РФ занимает ведущее место в системе государственной власти. Конституционный принцип равноправия субъектов Федерации не исключает разнообразия форм организации государственной власти. Это особенно характерно для исполнительной власти, организационные формы которой различаются в каждом регионе. Рассмотрим основные черты органов исполнительной власти в республиках и других субъектах РФ.

Поскольку Конституция РФ рассматривает республики как государства, конституции республик учреждают пост главы государства, именуемого главой республики или главой государства. Пост президента учреждён в Адыгее, Башкортостане, Бурятии, Калмыкии, Кабардино-Балкарии, Ингушетии, Марий Эл, Саха (Якутии), Северной Осетии — Алании, Татарстане, Тыве, Чувашии.

В Коми функции главы государства выполняет лицо, именуемое Главой Республики, а в Карелии и Хакасии — избираемый населением Председатель Правительства. В Удмуртии форма правления больше напоминает парламентскую республику: Председатель Государственного Совета — законодательного и представительного органа — высшее должностное лицо республики. Сходное положение в Дагестане, где Народное Собрание (парламент) созывает Конституционное Собрание, которое формирует Государственный Совет, а Председатель Государственного Совета является главой государства.

Конституционный статус главы государства (президента, главы республики) устанавливается по-разному. В некоторых республиках глава государства, подобно Президенту РФ, выводится за пределы трёх ветвей власти или рассматривается как участник осуществления каждой из них. Только некоторые республики объявляют главу государства главой исполнительной власти, иногда он объявляется высшим должностным лицом республики. Глава государства выступает гарантом конституции республики и государственного суверенитета, прав и свобод человека, представляет республику в отношениях с Российской Федерацией. Главе государства предоставляется право подписывать и обнародовать законы республики, а также право законодательной инициативы. Суверенный характер ряда республик позволяет президентам таких республик руководить внешней политикой, назначать представителей в иностранные государства и международные организации и проч.

Конституции определяют срок полномочий главы государства в 4–5 лет. Выборы осуществляются гражданами республики на основе всеобщего равного и прямого избирательного права при тайном голосовании. Обычно устанавливается, что главой государства может стать гражданин данной республики в возрасте не моложе 35 лет, а иногда не старше 60–65 лет. Запрещается избрание одного и того же лица на пост президента более двух сроков подряд (в многонациональном Дагестане представитель одной и той же национальности не может быть избран Председателем Государственного Собрания два срока подряд). В ряде республик (Калмыкия, Тыва, Кабардино-Балкария) одновременно с президентом избирается и вице-президент.

Глава государства пользуется неприкосновенностью. Конституции республик закрепляют порядок отрешения его от должности. Этот порядок во многом схож с аналогичным порядком, предусмотренным в федеральной Конституции. В Кабардино-Балкарии президент может быть отрешён от должности на основании референдума.

Края, области и другие субъекты РФ также самостоятельно формируют систему органов исполнительной власти на своей территории. Функции исполнительной власти осуществляет администрация, возглавляемая главой администрации (губернатором). Как и президенты республик, главы администраций избираются населением на основе всеобщего равного прямого избирательного права при тайном голосовании.

Глава администрации и глава законодательного (представительного) органа субъекта Федерации входят в Совет Федерации Федерального Собрания Российской Федерации. Следует отметить, что в ряде областей (Ленинградской, Курганской), Ставропольском крае, городе федерального значения Москве термин «администрация» заменён на термин «правительство», что отражает стремление этих субъектов РФ к уравнению своих государственно-правовых форм с республиканскими.

2 Ответьте на вопросы.

1. Какое место занимает исполнительная власть в системе органов государственной власти?
2. На каком основании конституции республик учреждают пост главы государства?
3. Как устанавливается конституционный статус главы государства в республиках?
4. Каковы правила избрания главы государства?
5. На основе чего избираются главы администраций?

3 Подтвердите или опровергните предложенные утверждения. Аргументируйте своё мнение, опираясь на текст.

1. Конституционный принцип равноправия субъектов Федерации не исключает разнообразия форм организации государственной власти.
2. Суверенный характер ряда республик позволяет президентам таких республик руководить внешней политикой, назначать представителей в иностранные государства, международные организации и проч.
3. В некоторых республиках глава государства, подобно Президенту РФ, выводится за пределы трёх ветвей власти или рассматривается как участник осуществления каждой из них.
4. Главой государства может стать гражданин республики в возрасте не моложе 35 лет, а иногда не старше 60–65 лет.
5. Запрещается избрание одного и того же лица на пост президента более двух сроков подряд.
6. Глава государства пользуется неприкосновенностью.

4. Изложите основное содержание текста, используя начала абзацев. Запишите полученные тезисы, используя предложенные средства связи текста.

В тексте рассматривается вопрос о ...
При этом подчёркивается, что ...
Далее говорится о том, что ...
Как отмечается в ...

Фразеологизмы

1. **В** чьей-л. **власти** — зависит от чьего-л. решения.

Во власти (под властью) кого-л., чего-л. — под воздействием, влиянием.

Отдаться во власть кого-л., чего-л. — подчиниться кому-л., чему-л., оказаться под воздействием кого-л., чего-л.

Терять власть над собой — терять самообладание.

2. **Отречься от престола** — отказаться от власти, от права на престол (о монархе, наследнике престола).

Задания

1. Проверьте себя: знаете ли вы значения данных фразеологизмов?

2. Найдите эквиваленты данных фразеологизмов в вашем родном языке.

3. Составьте предложения с данными фразеологизмами.

ТЕКСТ 5

СУДЕБНАЯ СИСТЕМА РОССИИ

Комментарий к словам и словосочетаниям

Юрисдикция — 1. Право производить суд, решать правовые вопросы. 2. Область, на которую распространяется такое право. *Под юрисдикцией местных органов власти.*

Процессуальный — относящийся к судебному или административному процессу.

Обособленный — не связанный с другими, отдельный, замкнутый. *Занимать обособленное положение.*

Инстанция — отдельная ступень в системе подчинённых друг другу органов, учреждений (государственные, партийные, судебные и др.). *Обратиться в вышестоящие инстанции.*

Подсудный — подлежащий суду; относящийся к ведению данной судебной инстанции. *Подсудное дело.*

Надзорный — связанный с деятельностью прокурорского надзора. *Надзорные органы суда.*

Предтекстовые задания

1 **Слушайте слова и словосочетания и в паузах записывайте их, ставя ударение.**

....
....
....
....
....
....

2 **Составьте предложения с данными словосочетаниями.**

Судебная система, арбитражный суд, уголовное дело, административное правонарушение, осуществлять контроль, тяжкое преступление, законом предусмотрено, Военная коллегия.

Задания к тексту

1 Прочитайте текст. Сформулируйте главную мысль текста.

В Федеральном конституционном законе «О судебной системе Российской Федерации» сказано: «В Российской Федерации действуют федеральные суды, конституционные (уставные) суды и мировые судьи субъектов Российской Федерации, составляющие судебную систему Российской Федерации». Всю совокупность федеральных судов можно сгруппировать в три подсистемы:

1. Конституционный Суд РФ.
2. Верховный Суд РФ и суды общей юрисдикции.
3. Высший Арбитражный Суд РФ и поднадзорные ему суды.

1. Конституционный Суд РФ.

Статус **Конституционного Суда РФ** подразумевает, что он является судебным органом, призванным контролировать конституционность законов и иных правовых актов. Конституционный суд занимает обособленное положение среди федеральных судов, ему напрямую не подчиняются никакие суды (в т. ч. Уставные (конституционные) суды субъектов РФ), хотя его решения в целом могут иметь существенное значение для всех судов страны и тем самым влиять на судебную практику. Решение конституционного (уставного) суда, принятое в пределах предоставленных ему полномочий, не может быть отменено никаким другим судом.

2. Верховный Суд РФ, верховные суды республик, краевые и областные суды, суды городов федерального значения, суды автономной области и автономных округов; районные суды, военные и специализированные суды, составляющие систему федеральных судов общей юрисдикции.

Верховный Суд Российской Федерации является высшим судебным органом по гражданским, уголовным, административным и иным делам, подсудным судам общей юрисдикции, осуществляет судебный надзор за их деятельностью и даёт разъяснения по вопросам судебной практики.

3. Высший Арбитражный Суд РФ, федеральные арбитражные суды округов, арбитражные суды субъектов РФ, составляющие систему федеральных арбитражных судов.

Арбитражный Суд РФ является высшим судебным органом по разрешению экономических споров и иных дел, осуществляет в предусмотренных федеральным законом процессуальных формах судебный надзор за их деятельностью и даёт разъяснения по вопросам судебной практики.

К судам субъектов РФ относятся:

— конституционные (уставные) суды субъектов РФ;

— мировые судьи, являющиеся судьями общей юрисдикции субъектов РФ.

Наибольшее количество федеральных судов именуются **судами общей юрисдикции**.

Суды общей юрисдикции рассматривают основную массу дел: гражданские, уголовные, дела об административных правонарушениях. Однако суды общей юрисдикции не могут заниматься рассмотрением экономических споров, а также не могут осуществлять конституционный контроль. Эти дела находятся в ведении Арбитражного и Конституционного судов. Основным звеном судов общей юрисдикции является **районный суд**.

В **районных судах** рассматриваются дела об административных правонарушениях и большинство уголовных (за исключением дел об особо тяжких преступлениях) и гражданских дел.

Особую ветвь образуют **военные суды**. Военные суды осуществляют судебную власть в войсках, органах и формированиях, где федеральным законом предусмотрена военная служба. Эти специализированные суды состоят из гарнизонных военных судов, окружных (флотских) военных судов, а также Военной коллегии.

Мировой судья рассматривает гражданские, административные и уголовные дела в качестве суда первой инстанции.

Следовательно, со временем большинство гражданских, административных и уголовных дел будут рассматриваться мировыми судьями (не очень сложные дела) и районными судами (более сложные дела).

2 **Перечитайте текст. Дайте общую характеристику всем видам судов. Запишите их основные функции.**

3 **Прочитайте конспект вслух, восстанавливая сокращения.**

Судеб. власть в РФ представ. системой общих судов, возглавляемых Верхов. Судом РФ, системой экон. судов во главе с Высшим арбитраж. судом РФ, Констит. судом РФ и иными фед-ми судами (напр., воен.).

С одной стороны, система фед-ых судов зависит от Президента РФ и законодательной власти, ибо эти органы формируются по согласованному решен. главы гос-ва и одной из палат парламента, с другой — Конститут. суд обладает правом отменить неправомерные акты Президента и парламента. Верхов. и Констит. суды РФ принимают участ. в процессе отрешения Президента от должности.

4 Составьте тезисный план и конспект текста из Задания 1.

5 Составьте сводный конспект по теме: *«Органы исполнительной, законодательной и судебной власти»*.

6 Напишите тезисы устного выступления на тему: *«Органы государственной власти субъекта Федерации»*. Используйте материалы изученной главы.

Фразеологизмы

В процессе чего-л. — *здесь:* в ходе, во время совершения чего-л.

Истина в последней инстанции — мнение, суждение, которое кто-л. считает неоспоримо верным.

Задания

1 Проверьте себя: знаете ли вы значения данных фразеологизмов?

2 Найдите эквиваленты данных фразеологизмов в вашем родном языке.

3 Составьте предложения с данными фразеологизмами.

ТЕКСТ 6

СУДЕБНАЯ СИСТЕМА РЕСПУБЛИК

Комментарий к словам и словосочетаниям

Законность — положение, при котором общественная жизнь и деятельность обеспечиваются законами.

Жалоба — *здесь*: официальное заявление о незаконном или неправильном действии какого-л. лица, учреждения, организации. *Кассационная жалоба. Подать жалобу.*

Акт — *здесь*: постановление или документ, имеющие юридическое значение. *Законодательный акт.*

Позволять (позволить) — давать позволение, разрешать сделать что-л.

Конституционность — соответствие конституции.

Предтекстовые задания

1 **Вспомните видовые пары указанных глаголов. Составьте и запишите словосочетания с каждым глаголом видовой пары.**

Образец: указать — *указывать; указать направление — указывать на недостатки*

создать ....
проверить ....
решить ....
дать ....
разрешить ....
рассмотреть ....
нарушить ....
вынести ....
избрать ....
назвать ....

2 **От данных в Задании 1 глаголов совершенного вида образуйте краткие страдательные причастия.**

Образец: предложить — *предложен*

③ Замените выделенные слова и словосочетания подходящими по смыслу глаголами. Следите за согласованием. Используйте слова для справок.

1. Для судебной системы республик необходимо **создать** конституционные суды. 2. Такие суды необходимо **создать** во многих субъектах РФ. 3. Конституционные суды **делают выводы** о действиях главы государства, **дают толкования** республиканских конституций. 4. Состав конституционных судов и комитетов **назначают** законодательные органы республик. 5. Конституционные суды в республиках **создаются** в качестве высшего органа судебной власти по защите конституционного строя республик. 6. Они **проверяют** конституционность законов.

Слова для справок: контролировать, основываться, определять, образовать, трактовать, заключать, учредить.

Задания к тексту

① Прочитайте текст. Расскажите, с какой целью создаются конституционные суды в республиках.

Для судебной системы республик принципиально новым является создание конституционных судов. Такие суды образованы в Башкортостане, Бурятии, Дагестане, Кабардино-Балкарии, Карелии, Коми, республике Саха, Тыве. В Татарстане и Северной Осетии — Алании действуют Комитеты конституционного надзора, в Адыгее — Конституционная палата.

Конституционные суды в республиках создаются в качестве высшего органа судебной власти по защите конституционного строя республик. Они проверяют конституционность законов и нормативно-правовых актов республик, решают вопросы о конституционности политических партий, дают заключения о действиях главы государства, разрешают споры о компетенции, дают толкования республиканских конституций, рассматривают жалобы граждан на нарушение конституционных прав и др.

Хотя в различных республиках объём полномочий конституционных судов неодинаков, в целом их компетенция весьма схожа с компетенцией Конституционного Суда РФ. В отличие от судов Комитеты конституционного надзора не выносят окончательных решений о неконституционности законов, оставляя решение соответствующего вопроса парламенту.

Состав конституционных судов и комитетов колеблется от 3 (Бурятия) до 7 человек (Кабардино-Балкария). Их назначают или избирают законодательные органы республик.

В других субъектах РФ (края, области) суды, проверяющие соответствие законов уставу области, края, называются уставными.

◇2◇ **Составьте план текста.**

◇3◇ **Запишите конспект, используя различные варианты сокращений.**

Фразеологизмы

1. Акты гражданского состояния — записи специальными органами государства фактов рождения, смерти, брака, развода и др.

2. Закон не писан (для кого-л., кому-л.) — необязательность правил, норм поведения для кого-л.

Задания

◇1◇ **Проверьте себя: знаете ли вы значения данных фразеологизмов?**

◇2◇ **Найдите эквиваленты данных фразеологизмов в вашем родном языке.**

◇3◇ **Составьте предложения с данными фразеологизмами.**

ТЕКСТ 7

«Я УВЕРЕН, ЧТО ВЛАСТЬ СУДЕБНЫХ РЕШЕНИЙ ОКРЕПНЕТ»

Комментарий к словам и словосочетаниям

Вытекать — *перен.*: являться выводом, логическим следствием чего-л.

Затрагивать (затронуть) — 1. *Перен.*: задеть, нанести какой-л. ущерб. *Кризис затронул интересы многих людей*; оказать воздействие на кого-л., что-л. *Музыка затронула её чувства.* 2. *Перен.*: остановиться на чём-л., коснуться чего-л. в изложении, разговоре. *В докладе был затронут этот вопрос.*

Нелицеприятный — объективный, справедливый.

Реагировать — проявлять своё отношение к чему-л., каким-л. образом отвечать на то или иное действие.

Неуклонный — без каких-л. отклонений от чего-л; неизменный, постоянный. *Неуклонное исполнение решений суда. Неуклонный подъём жизненного уровня людей.*

Последствие — результат, следствие чего-л. *Это последствие необдуманного шага.*

Антикоррупционный — направленный против коррупции — продажности должностных лиц, политических деятелей и т.п.

Ратификация — утверждение верховной государственной властью Международного договора, заключённого уполномоченными лицами договаривающихся государств, придающее договору юридическую силу.

Встроить — построить, соорудить внутри чего-л.

Предсказуемость — возможность на основании имеющихся данных, заранее, наперёд предугадать, что будет, что должно случиться, исполниться.

Сложить с себя полномочия — отказаться от прав, которые представлены кому-л. кем-л.

Определять судьбу закона — устанавливать дальнейшее существование, будущность закона.

Компенсаторная функция правосудия — благодаря судебной защите в установленном законном порядке «компенсируются» последствия принятия законов, нарушающих права граждан.

Утратить силу — потерять жизнеспособность, прекратить действовать.

Обжалованию не подлежит — не имеет смысла подавать официальную жалобу в высшую инстанцию, протестуя против какого-л. решения, постановления, против чьих-л. действий. *Приговор не подлежит обжалованию.*

Изобретать (изобрести) велосипед — придумывать (придумать) как новое что-л. уже существующее.

Предтекстовые задания

1. Догадайтесь, о чём пойдёт речь в интервью с главой Конституционного Суда России Валерием Дмитриевичем Зорькиным.

2. Объясните, как вы понимаете выражение: *«Взять правовой барьер»*.

Задания к тексту

1. Прочитайте текст. Каковы тема и цель беседы?

Эксклюзивное интервью
главы Конституционного Суда России
Валерия Дмитриевича Зорькина,
доктора наук, профессора, заслуженного юриста РФ.
Интервью подготовили и провели
Надежда Ступина и Елена Шокина.

— Валерий Дмитриевич, о Вас говорят, как о смелом и принципиальном человеке. Оказывается ли на Вас давление при принятии решений?

— Я не знаю, есть ли на свете люди, которые ничего не боятся... Но судья в каждом конкретном случае обязан ответить на вопрос: «Как должно быть по праву?». Если из Конституции и закона вытекает одно решение, а судья, понимая это, тем не менее, не в силах его принять и собирается объявить прямо противоположное решение, он должен сложить с себя полномочия.

Неправосудное решение разрушает веру людей в правосудие и подрывает устои правопорядка в целом. Старинная российская пословица гласит: «Бойся не суда, а судьи неправедного». Решение Конституционного Суда, в отличие от решений судов общей юрисдикции и арбитражных судов по конкретным делам, определяет судьбу закона. Порой затрагиваются интересы миллионов граждан. Соответственно, цена ошибки возрастает многократно. Так что судья в любом случае обязан не бояться принять справедливое решение, если даже оно и нелицеприятно.

Тот, кто дрогнул, должен взять «отпуск» от этой должности на всю оставшуюся жизнь.

Что же касается вопроса о том, оказывалось ли давление, рискну сказать: на меня бесполезно оказывать давление. Полагаю, что то же самое можно сказать и об остальных судьях КС. Я уверен, что такого и не может быть, если мы хотим видеть Россию правовым государством.

— Как реагирует Президент, правительство на отмену указов или постановлений?

— Нормально, в том числе и в случаях, когда нормативный акт признавался неконституционным. В душе-то, может быть, и не всегда соглашались. Но официально решения КС не подвергаются сомнению. И это правильно, потому что неуклонное исполнение решений суда — не только важное условие его независимости, но и необходимая черта правового государства. Если нет самостоятельной судебной власти, то не приходится говорить и о разделении властей, как одном из принципов правового государства.

— Валерий Дмитриевич, когда мы говорим о восстановлении прав граждан, речь идёт о компенсаторной функции правосудия?

— В определённом смысле, поскольку благодаря судебной защите непосредственно восстанавливаются нарушенные права граждан, т. е. в установленном законном порядке «компенсируются» последствия правонарушений. Если закон признаётся нарушающим права граждан и КС приходит к выводу, что закон не соответствует Конституции РФ, он утрачивает силу. И последствия этого распространяются не только на заявителя, но и на всех иных лиц, подпадающих под действие этого закона.

При этом надо отметить, что наша Конституция, обеспечивая доступ граждан к конституционному правосудию, находится на уровне мировых стандартов. Далеко не во всех государствах граждане имеют право обращаться с жалобой непосредственно в конституционный суд.

— Пересматривает ли КС в каких-либо случаях свои собственные решения, корректирует их?

— Решение суда окончательно и обжалованию не подлежит. Никто — ни сам КС, ни какой-либо иной орган государственной власти России и никакой международный суд — не вправе пересматривать решение КС.

— Валерий Дмитриевич, в какой стране, по Вашему мнению, наиболее сильная и независимая судебная власть?

— Во многих. На высоком уровне, если говорить о государствах континентальной системы права, судебная система Германии. Очень сильна судебная власть в США. В каком-то смысле американское правосудие можно назвать образцовым, хотя далеко не всегда оно было таковым. Президенту Рузвельту в 30-х годах прошлого века потребовалось проведение специальных программ антикоррупционной борьбы, в том числе и в судебной системе.

— Как вы полагаете, насколько сложно, да и возможно ли на практике проведение таких антикоррупционных программ в России?

— Я полагаю, это совершенно необходимо. Но автоматически перенести опыт США по борьбе с коррупционерами на Россию нельзя. Хотя и велосипед изобретать не следует. Есть международный опыт, международная правовая система, европейские конвенции по борьбе с коррупцией, часть из которых, кстати, Россией пока не ратифицированы...

Наше государство должно следовать общепринятым стандартам в области прав человека, соблюдая применяемые повсюду требования к законодательству. Если в России борьба с коррупцией не будет поставлена на должную высоту, это отразится и на её политическом положении в мире, на её статусе перед лицом мирового сообщества. Россия — это не маленькое княжество, не островок. Это великая держава с огромными ресурсами, каждый шаг которой «аукается» в мире.

Для того чтобы Россия состоялась как правовое, социальное и справедливое государство, нам необходима правовая реформа, трансформация массового правового сознания.

— Что именно Вы вкладываете в понятие правовой реформы?

— Для меня правовая реформа — это создание системных предпосылок для того, чтобы наша Россия, наконец, «взяла правовой барьер» и встроилась в общемировые стандарты правового поведения. Рыночная экономика не может быть создана без правовых гарантий стабильности собственности и предсказуемости предпринимательской активности, с одной стороны, и эффективного разумного правового регулирования экономических процессов — с другой. Поэтому правовая реформа должна решать в первую очередь вопросы экономического развития страны и создания гражданского общества. К числу концептуальных принципов правовой реформы я отношу активную адаптацию правовых стандартов Европы к российскому законодательству и широкое введение экономических дисциплин в учебные курсы юридических вузов. Это должно стать основой правовой реформы на период 2004–2008 гг.

(По материалам: Коллегия. № 2. 2004; www. Kollegi.ru)

2. **Выделите вопросы и ответы, которые показались вам наиболее важными и интересными. Прокомментируйте их.**

3. **Найдите предложение, в котором говорится о том, что определяет судьбу закона.**

4. **Раскройте содержание пословицы: *«Бойся не суда, а судьи неправедного»*.**

Ситуация

Вам представилась возможность взять интервью у господина Зорькина. Определите круг вопросов, которые вы хотели бы ему задать.

Дискуссия

Выскажите свою точку зрения на тему: *«Судебная система в РФ»*. Сопоставьте эту судебную систему с судебной системой в вашей стране.

Фразеологизмы

1. На нет (и) суда нет — *погов.*: говорится в ситуации, когда не выражают недовольства, мирясь с отсутствием чего-л., чьим-л. отказом (обычно при ответе «Нет»).

Пока суд да дело — пока решается или совершается что-л. (о длительном, медленном процессе).

2. Оставить без последствий — оставить без расследования, рассмотрения, не принять никаких нужных мер.

Остаться без последствий — пройти бесследно, не дать никаких явных результатов.

3. Не подлежит сомнению (что-л.) — то, в чём не приходится сомневаться; несомненно.

Задания

1. **Проверьте себя: знаете ли вы значения данных фразеологизмов?**
2. **Найдите эквиваленты данных фразеологизмов в вашем родном языке.**
3. **Составьте предложения с данными фразеологизмами.**

Глава 6

✓ Реферат

Тема: Становление института президентства в России

6.1. РЕФЕРАТ

Реферат (от лат. «сообщать, докладывать») — краткое изложение содержания работы, книги, статьи с фактическими выводами и обобщениями.

Композиционно текст реферата чаще всего состоит из трёх частей:

- **введение (вступление)** — в нём объясняется причина выбора конкретной темы, обосновывается её важность, актуальность, формулируются цель, задачи;
- **основная часть (описание)** — в этой части связно, логично и последовательно излагаются все существенные положения, новые сведения, содержащиеся в первичном документе;
- **заключение** — подводятся итоги работы, делаются обобщения, формулируются выводы.

Заключение не является обязательной частью композиции реферата, часто текст реферата заканчивается изложением последнего раздела источника.

Более подробную информацию см. в Приложении № 9.

ТЕКСТ 1

ИНСТИТУТ ПРЕЗИДЕНТСТВА В РФ

Комментарий к словам и словосочетаниям

Председательствовать — исполнять обязанности председателя, быть председателем.

Обладать — 1. Иметь своей собственностью; владеть кем-л., чем-л. *Обладать капиталом.* 2. Иметь в числе своих качеств, достоинств. *Обладать голосом.*

Недоверие — отсутствие доверия; сомнение в достоверности, правдивости чего-л.

Имущество — совокупность принадлежащих кому-л. или находящихся в чьём-л. владении вещей, ценностей. *Государственное имущество.*

Имущественный — *прил. к* **имущество**; связанный с владением имуществом. *Имущественный спор.*

Зафиксированный — закреплённый, установленный.

Недееспособный — 1. Неспособный к действию, к деятельности. *Недееспособная организация.* 2. *Юр.*: не обладающий способностью самостоятельно осуществлять свои юридические права и нести ответственность за свои поступки, действия.

Непрерывный — длящийся без перерыва, беспрестанно, не прекращаясь. *Непрерывный стаж работы.*

Суммарно — в общей сложности, в сумме.

Ценз оседлости — ограничительные условия допущения лица к участию в выборах в зависимости от срока проживания на одном, постоянном месте.

В местах лишения свободы — в заключении.

Приписанный к округу — закреплённый за определённым округом.

Суперпрезидентское государство — государство, в котором у президента слишком много полномочий.

Пассивное избирательное право — право быть избранным.

Имущественное ограничение — ограничение для участия в выборах в зависимости от наличия какого-либо имущества.

Предтекстовые задания

1 **Слушайте слова и словосочетания и в паузах записывайте их, ставя ударение.**

....
....
....
....

2 **Подберите и запишите синонимы к данным словам. Используйте слова для справок.**

должность ....
выразить ....
тайное ....
установить ....
деятельность ....

Слова для справок: пост, учредить, дело, оказать, место, скрытое, основать, работа, показать, занятие, обнаружить, секретное, найти, определить.

3. Преобразуйте словосочетания с отглагольными существительными в глагольные словосочетания.

Образец: использование средств — *использовать средства*

учреждение поста президента ....
установление президентской республики ....
....
обладание полномочиями ....
выражение недоверия ....
проведение новых выборов ....
включение дополнительных условий ....
получение мандата ....
создание собственных фондов ....

Задания к тексту

1. Прочитайте введение к реферату-конспекту *«Институт президентства в РФ»*. Обратите внимание на выделенные клише (слова и словосочетания, наиболее часто употребляемые при построении реферата).

ВВЕДЕНИЕ

Реферат посвящён становлению института президентства в РФ.

Выбор темы обусловлен (определён) важностью проблемы, так как институт президентства в современной России является одним из ключевых в системе органов государственной власти. Его рациональное устройство и функционирование — важное условие обеспечения конституционализма в государстве.

Учитывая роль Президента в жизни современной России, очень важно политическими и правовыми средствами обеспечить избрание на эту должность достойных людей. Дабы не повторять прошлых ошибок, следует упорядочить законодательство, регламентирующее порядок избрания, деятельность и компетенцию Президента РФ.

Наша цель — раскрыть роль института президента в современной России как ключевого в системе органов государственной власти.

Для достижения цели были решены следующие задачи:

— **дана характеристика** форм правления;

— указаны порядок и условия избрания Президента РФ.

◇2 Прочитайте текст Задания 1. Используя предложенные синонимические конструкции, самостоятельно сформулируйте тему, определите цель и задачи выполненной автором работы.

Реферат посвящён ... (описанию, обзору, рассмотрению, анализу, изучению, исследованию); **реферат представляет собой** (исследование, обзор, анализ, описание, изложение).

В реферате ... (анализируется, рассматривается, описывается, содержится материал, изображается, представляется).

Цель реферата – ... (охарактеризовать, показать, рассмотреть, доказать, уточнить).

Задачей реферата является ... (уточнение, установление, доказательство, раскрытие, выявление).

◇3 Прочитайте основную часть реферата *«Институт президентства в РФ»*. Дайте развёрнутые ответы на вопросы.

— Какова история создания института президентства?

— Какая форма правления установлена в РФ?

— Какими особенностями обладает Российская Федерация по сравнению с традиционными президентскими республиками?

— Каковы правила проведения выборов и избрания Президента РФ?

ОСНОВНАЯ ЧАСТЬ

Термин «президент» в буквальном переводе с латинского означает «сидящий впереди». В эпоху античности президентами называли тех, кто председательствовал на различных собраниях.

В современном понимании президент республики — это глава государства. Родиной института президентов являются США. Именно там в 1787 г. Конституционный конвент учредил пост президента. В Европе первыми странами, где была введена должность президента, стали Франция и Швейцария (1848 г.). В настоящее время этот пост имеется более чем в 150 странах мира. В СССР должность президента была учреждена в 1990 г., а в РСФСР — в 1991 г.

Первым Президентом России был избран Б.Н. Ельцин.

В качестве формы правления в Российской Федерации установлена президентская республика. Эту позицию разделяют многие современные аналитики, а некоторые даже считают Россию суперпрезидентским государством. Сторонники президентской республики в России исходят из того положения, которое занимает Президент в государственном механизме фактически. И всё же по сравнению с традиционными президентскими республиками Российская Федерация обладает рядом особенностей.

Наряду с признаками президентской республики (это, в частности, контроль президента за деятельностью правительства) данная форма имеет (правда, незначительные) элементы парламентской республики, состоящие в том, что Государственная Дума может выразить недоверие правительству (хотя решать его судьбу и в этом случае будет Президент).

Согласно прежнему Закону «О Президенте РСФСР», Президент избирался сроком на 5 лет **гражданами Российской Федерации на основе равного всеобщего и прямого избирательного права при тайном голосовании**. Теперь, **согласно Конституции РФ, Президент Российской Федерации избирается сроком на четыре года**, по истечении которого должны быть проведены новые выборы. Выборы Президента РФ признаются состоявшимися, если в них приняли участие не менее 50 % от списочного состава избирателей. Мандат Президента получает кандидат, получивший более 50 % голосов избирателей, принявших участие в голосовании.

Результаты выборов Президента РФ определяются по мажоритарной системе. Активное избирательное право обеспечивается отсутствием различного рода имущественных ограничений и ценза оседлости и включением всех граждан Российской Федерации в списки избирателей. Ограничение права избирать и быть избранным чётко зафиксировано в Конституции, которая гласит: «Не имеют права избирать и быть избранными граждане, признанные судом недееспособными, а также содержащиеся в местах лишения свободы по приговору суда».

Что же касается пассивного избирательного права – права быть избранным Президентом, — оно включает ряд дополнительных условий, вытекающих из особой роли и ответственности главы государства. Конституция РФ устанавливает два дополнительных условия. **Первое — более высокий возраст для Президента по сравнению с активными избирателями. Президентом Российской Федерации может быть избран гражданин Российской Федерации не моложе 35 лет. И второе – так называемый «ценз оседлости» — постоянное проживание в России не менее десяти лет.**

Условие постоянного проживания комментируется по-разному. Одни считают, что речь может идти только о проживании в России не менее десяти лет суммарно. Другие полагают, что требуется непрерывное проживание в течение указанного срока на день выборов.

Согласно Конституции РФ, одно и то же лицо не может занимать должность Президента РФ более двух сроков подряд.

Расходы на подготовку и проведение выборов Президента РФ производятся за счёт федерального бюджета. Кандидаты обязаны создавать собственные избирательные фонды для финансирования своей избирательной кампании.

Выборы Президента Российской Федерации проводятся по единому федеральному избирательному округу, включающему в себя всю территорию Российской Федерации. Избиратели, проживающие за пределами территории Российской Федерации, считаются приписанными к федеральному избирательному округу.

Подготовка к проведению выборов Президента РФ осуществляется открыто и гласно.

4 Выскажите собственное мнение в отношении данных положений Конституции РФ.

— Президентом Российской Федерации может быть избран гражданин Российской Федерации не моложе 35 лет.

— При выборе Президента РФ должен учитываться «ценз оседлости» — условие постоянного проживания в России не менее десяти лет.

— Не имеют права избирать и быть избранными граждане, признанные судом недееспособными, а также содержащиеся в местах лишения свободы по приговору суда.

5 Разделите *основную часть* реферата (см. Задание 3) на смысловые фрагменты. Сформулируйте основную мысль каждого из них. Составьте и запишите план.

6 Опираясь на план (выполненное Задание 5), запишите свой вариант текста.

7 **Прочитайте *заключение* реферата-конспекта. Определите, какая информация в нём содержится. Подчеркните языковые средства связи текста, использованные при оформлении заключения.**

ЗАКЛЮЧЕНИЕ

В результате нашего исследования мы пришли к выводу, что институт президентства в современной России является одним из ключевых в системе органов государственной власти.

Многие современные аналитики считают Россию суперпрезидентским государством. Сторонники президентской республики в России исходят из того положения, которое занимает Президент в государственном механизме фактически.

Изучив проблему, мы пришли к выводу, что для данной формы характерно следующее:

1. Признаки президентской республики;
2. Элементы парламентской республики.

Таким образом, учитывая роль Президента в жизни современной России, очень важно политическими и правовыми средствами обеспечить избрание на эту должность достойных людей. Следует упорядочить законодательство, регламентирующее порядок избрания, деятельность и компетенцию Президента РФ.

8 **Охарактеризуйте содержание реферата, выбрав необходимые из предложенных клише.**

В реферате представлена ... .
Реферат посвящён ... .
Автор даёт анализ ... .
Автор затрагивает вопросы ... .
Автор убедительно доказывает ... .
Автор утверждает ... .
Автор перечисляет ... .

9 **Напишите обзорный реферат на тему *«Институт президентства в РФ и в моей стране»*.**

Образец реферата смотрите в Приложении № 9.

Фразеологизмы

Место заключения — тюрьма, другие места лишения свободы.

Слабое место кого-л., чего-л. — недостаток чей-л. или чего-л.

К месту — кстати, уместно.

На (своём) месте — о человеке, занятом делом, соответствующим его способностям, склонностям.

На месте преступления (застать) — во время совершения чего-л. предосудительного; врасплох.

Поставить на (своё) место кого-л. **(указать место** кому-л.) — дать понять, указать зазнавшемуся, слишком много возомнившему о себе человеку на то, что он представляет собой в действительности.

Поставить себя на чьё-л. **место** — представить себя в положении кого-л.

Сердце (душа) не на месте — о чувстве тревоги, сильного беспокойства.

Не находить (себе) места — быть в состоянии сильного беспокойства, волнения.

Задания

1. **Проверьте себя: знаете ли вы значения данных фразеологизмов?**
2. **Найдите эквиваленты данных фразеологизмов в вашем родном языке.**
3. **Составьте предложения с данными фразеологизмами.**

ТЕКСТ 2

ИДЕЯ ПОСТА ПРЕЗИДЕНТА

Комментарий к словам и словосочетаниям

Отвергать (отвергнуть) — решительно отклонить, не принять. *Отвергнуть обвинение.*

Учреждать (учредить) — 1. Основать, создать что-л. *Учредить сообщество студентов.* 2. Ввести, установить. *Учредить именную стипендию.*

Подхватывать (подхватить) — продолжить, поддержать начатое другим. *Подхватить инициативу.*

Период развёрнутого строительства — промежуток времени, в течение которого в широких масштабах осуществлялось строительство коммунизма.

Предтекстовые задания

1. Образуйте от следующих глаголов страдательные причастия прошедшего времени.

Образец: оказать — *оказанный*

учредить ....
избрать ....
предложить ....
подготовить ....
ввести ....
подхватить ....

2. Подберите и запишите антонимы к данным словам. Используйте слова для справок.

давно ....
длительный ....
положительно ....
начать ....
активно ....

Слова для справок: отрицательно, закончить, недавно, пассивно, короткий.

Задания к тексту

1 Прочитайте текст. Определите тему, сформулируйте её в виде пункта плана.

Идея учреждения поста Президента СССР возникла давно. Впервые — при подготовке проекта Конституции СССР 1936 г. Однако И.В. Сталин отверг идею института избираемого населением Председателя Президиума Верховного Совета.

Вновь эта идея возникла в 1964 г., когда на заседании Конституционной комиссии, работавшей над новым проектом Конституции СССР Н.С. Хрущев предложил учредить пост президента.

При подготовке XIX Всесоюзной партконференции (1988 г.) и в ходе её работы вновь после длительного перерыва обсуждался вопрос о введении поста президента, но положительно решён не был. Сама же идея продолжала жить, а затем была подхвачена в период конституционных реформ, начатых в 1989 г. В 1990 г. этот вопрос стал предметом активного обсуждения на Внеочередном III Съезде народных депутатов СССР, который и учредил должность Президента СССР. Первым (и единственным) Президентом СССР был избран М.С. Горбачёв.

2 Выскажите свою точку зрения: одобряете вы или отвергаете идею поста президента? Аргументируйте свою позицию.

Фразеологизмы

1. Выступать в функции кого-л., чего-л. — быть, являться кем-л., чем-л.

2. На посту — при исполнении обязанностей.

Стоять (быть) на (своём) посту — исполнять свои обязанности, свой долг.

Задания

1. Проверьте себя: знаете ли вы значения данных фразеологизмов?

2. Найдите эквиваленты данных фразеологизмов в вашем родном языке.

3. Составьте предложения с данными фразеологизмами.

ТЕКСТ 3

ФУНКЦИИ И ПОЛНОМОЧИЯ ПРЕЗИДЕНТА РФ

Комментарий к словам и словосочетаниям

Аккредитуемый — *здесь:* назначенный дипломатическим представителем при иностранной державе.

Подведомственный — находящийся в ведении, в управлении кого-л., чего-л., подчинённый кому-л., чему-л.

Отзывной — *дипл.*: содержащий в себе сообщение об отзыве дипломатического представителя. *Отзывные грамоты.*

Грамота — официальный письменный акт, устанавливающий или удостоверяющий что-л. *Ратификационная грамота. Верительные грамоты. Отзывные грамоты.*

Ветви власти — отрасли (области) органов государственного управления, правительства.

Ключевая фигура — центральная, главная персона. *Ключевая фигура в правительстве.*

Полномочия — совокупность предоставленных должностному лицу прав и обязаностей, необходимых для выполнения возложенных на него функций.

Предтекстовые задания

1 Слушайте слова и словосочетания и в паузах записывайте их, ставя ударение.

....

....

....

....

2 Образуйте от существительных прилагательные. С образованными прилагательными составьте предложения.

Функция, полномочие, закон, государство, власть, дипломат, политика.

Задания к тексту

1 Определите по заголовку текста «Функции и полномочия Президента РФ», о чём в нём пойдёт речь.

Часть 1.
ФУНКЦИИ (НАПРАВЛЕНИЯ ДЕЯТЕЛЬНОСТИ) ПРЕЗИДЕНТА РФ

Основные функции Президента РФ как главы государства определены в Конституции РФ:

1) Президент РФ является гарантом Конституции РФ, прав и свобод человека и гражданина;

2) Президент РФ в установленном Конституцией РФ порядке принимает меры по охране суверенитета Российской Федерации, её независимости и государственной целостности;

3) Президент РФ обеспечивает согласованное функционирование и взаимодействие органов государственной власти;

4) Президент РФ в соответствии с Конституцией РФ и федеральными законами определяет основные направления внутренней и внешней политики государства;

5) Президент РФ представляет Российскую Федерацию внутри страны и в международных отношениях.

Часть 2.
КРУГ ПОЛНОМОЧИЙ ПРЕЗИДЕНТА

Круг предоставленных Президенту полномочий очень широк. Их можно классифицировать по направлениям деятельности, а также по сферам взаимодействия Президента РФ с органами различных ветвей государственной власти.

Действующая Конституция закрепляет за Президентом России явно недостаточно полномочий в отношениях с субъектами РФ.

Недостаточная правовая регламентация функций и особенно полномочий Президента по их реализации, а также неполная исследованность данной проблематики создают определённые сложности в классификации полномочий и раскрытии их содержания.

Между тем целый ряд полномочий, например, при чрезвычайном положении, в области внешней политики и т. д., Президент реализует не непосредственно, а через другие государственные органы, относящиеся к законодательной или исполнительной ветвям власти.

Часть 3.
ПОЛНОМОЧИЯ ПРЕЗИДЕНТА РФ В ОБЛАСТИ ВНЕШНЕЙ ПОЛИТИКИ

Президент России определяет основные направления внешней политики и выступает ключевой фигурой в решении внешнеполитических вопросов Российской Федерации.

Президент полномочен вести переговоры и подписывать международные договоры как глава государства, представляющий Российскую Федерацию в международных отношениях. За главой государства признается право вести переговоры, заключать соглашения и договоры на территории как своей страны, так и иностранного государства при временном на ней пребывании.

Президент подписывает также ратификационные грамоты, т. е. документы, свидетельствующие об утверждении федеральным законом международного договора Российской Федерации. Президент принимает верительные и отзывные грамоты аккредитуемых при нём дипломатических представителей. Эта процедура нередко сопровождается обменом мнениями по вопросам, имеющим существенное политическое значение, и потому не может считаться, как об этом иногда говорят, чисто протокольной.

Руководство Президента внешней политикой в значительной степени проводится через Министерство иностранных дел, которое подведомственно Президенту по вопросам, закреплённым за Президентом Конституцией и законодательными актами Российской Федерации.

2 **Прочитайте текст. Подтвердите или опровергните предложенные утверждения.**

1. Целый ряд полномочий, например, при чрезвычайном положении, в области внешней политики и т. д., Президент реализует непосредственно.

2. Президент России определяет основные направления внешней политики и выступает ключевой фигурой в решении внешнеполитических вопросов Российской Федерации.

3. Президент полномочен вести переговоры и подписывать международные договоры как глава государства, представляющий Российскую Федерацию в международных отношениях.

4. Глава государства не имеет права вести переговоры, заключать соглашения и договоры на территории иностранного государства при временном на ней пребывании.

3 **Прочитайте Части 1 и 3 текста. Объедините их информацию и составьте единый план.**

4 **На основе единого плана напишите основную часть реферата на тему *«Функции и полномочия Президента РФ»*. Используйте средства организации (см. Таблицу № 1) для оформления начала, середины и конца текста.**

5 **Напишите реферат на одну из предложенных тем, предварительно составив план. Используйте дополнительную литературу.**

1. Органы государственной власти субъекта Федерации.

2. Становление института президентства в России.

3. Функции и полномочия Президента РФ.

4. Принципы выборов Президента Российской Федерации и президента вашей страны.

6 **Подготовьте тезисы устного выступления на основе реферата по выбранной вами теме.**

Советы

Как оформить титульный лист реферата?
На титульном листе указываются:
- название института, факультета, кафедры;
- фамилия и инициалы автора;
- название темы реферата;
- место и год написания работы.

Фразеология

Во главе кого-л., чего-л. **(быть, находиться, идти, стоять)** — впереди, на первом месте. *Идти во главе колонны демонстрантов.*

Во главе с кем-л. — имея кого-л. во главе. В качестве главного, руководящего лица. *Во главе делегации был посол.*

Ставить что-л. **во главу угла** — признать, считать что-л. особо важным, основным.

Задания

1. **Проверьте себя: знаете ли вы значения данных фразеологизмов?**
2. **Найдите эквиваленты данных фразеологизмов в вашем родном языке.**
3. **Составьте предложения с данными фразеологизмами.**

Дискуссия

Выскажите свою точку зрения на предложенные темы (по выбору):

1. Президент страны (Основные функции Президента в РФ; Необходимость поста Президента; Круг предоставленных Президенту полномочий). В сопоставлении с ситуацией в вашей стране.

2. Президент РФ В.В. Путин – человек и политик.

Глава 7

✓ Аннотация

Тема: Основы конституционного строя РФ

7.1. АННОТАЦИЯ

Аннотация (от лат. — «замечание») — краткая характеристика документа, справка о печатном произведении, своего рода реклама, которая должна заинтересовать читателя.

Аннотация даёт представление о незнакомой публикации и тем самым помогает в поиске и отборе необходимой информации.

Объём аннотации не зависит от объёма текста и составляет от 3 до 8 предложений.

Структура аннотации:

— библиографическое описание;

— текст аннотации.

В аннотации указывается, что нового содержится в данном произведении в сравнении с другими, родственными ему по тематике и целевому назначению.

Основная ошибка при оставлении аннотации — избыточность информации.

Запомните: аннотация, в отличие от реферата, не раскрывает содержания документа, а лишь информирует о его существовании, даёт самое общее представление о его содержании.

Расположение структурных элементов относительно свободное.

Более подробную информацию см. в Приложении № 10.

Советы

Избегайте следующих недочётов при составлении аннотации:

— повторения информации, содержащейся в библиографическом описании документа;

— лишних фраз, не несущих основной информации;

— вводных слов и вводных предложений, сложных придаточных предложений.

1 Прочитайте аннотации. Определите их структурные части.

Жуйков В.М. Права человека и власть закона. — М., 1995. — 284 с.

Книга написана с широким привлечением материалов судебной практики и подробным анализом международного и российского законодательства. Автор рассматривает вопросы судебной защиты, прав и свобод граждан.

Конституционное право России. Сборник нормативных актов. — М.: Издательство БЕК, 1996. — 684 с.

Сборник нормативных актов «Конституционное право России» предназначен прежде всего для студентов и преподавателей, изучающих и преподающих конституционное право России. С учётом этого в сборник включены лишь основные нормативные акты и некоторые документы, являющиеся обязательными при изучении соответствующих разделов учебного курса. Второй раздел данного сборника носит название «Основы конституционного строя» и включает в себя подборку нормативного материала, действующих нормативно-правовых актов, которые составитель сборника доктор юридических наук профессор Козлов О.Е. посчитал необходимыми для изучения данного вопроса.

2 Укажите, какие сведения содержит заголовочная часть аннотаций (см. Задание 1). Что вы узнали об авторах аннотируемых источников, о месте издания, количестве страниц?

3 Проанализируйте собственно аннотационные части (см. Задание 1). Найдите конструкции, начинающие аннотации, оформляющие основную мысль, указывающие на адресат. Более подробную информацию см. в Приложении № 10.

4 Восстановите текст аннотации. Используйте слова для справок. Прочитайте вслух восстановленную аннотацию.

Российская дипломатия в портретах / Под ред. А.В. Игнатьева, И.С. Рыбаченок, Г.А. Санина. — М.: Международные отношения, 1992. — 384 с.

В книге ... политические портреты крупнейших российских дипломатов, начиная с эпохи Петра Великого и вплоть до первой мировой войны и Февральской революции 1917 года. Авторы ... о методах дипломатии России в XVIII – начале XX века. ... в каждом периоде истории наиболее важные события, авторы ... с ними читателя через призму жизнеописания дипломатов того времени. Читатель ... о дипломатической деятельности Петра Великого и его сподвижников, Н.И. Панина, Александра I, М.И. Кутузова, А.Ф. Орлова и др. Книга ... для широкого круга читателей.

Слова для справок: предназначена, рассказывают, представлены, выделяя, знакомят, узнает.

5 **Подберите в каталоге библиотеки вашего вуза две-три аннотации книг по вашей специальности, охарактеризуйте их с точки зрения структуры, содержания, объёма. Определите, какая из аннотаций содержит «чистую» информацию, а какая — оценочный элемент. Аргументируйте свою точку зрения.**

6 **Используя речевые клише и образцы аннотаций, составьте аннотации а) книги (монографии) по вашей специальности; б) журнальной статьи по вашей специальности.**

ТЕКСТ 1

КОНСТИТУЦИЯ СТРАНЫ

Комментарий к словам и словосочетаниям

Исходный — начальный, отправной. *Исходное положение.*

Устанавливать (установить) — 1. Утвердить, узаконить, ввести в действие. *Установить цену.* 2. Добиться осуществления чего-л. *Установить порядок.* 3. Обнаружить, определить, выяснить. *Комиссия установила факты нарушения закона.* // Доказать. *Установить истину.*

Предел — 1. Естественная или условная линия, являющаяся границей какой-л. территории; рубеж. // *Мн. ч.* (**пределы**, -ов). Пространство, заключённое в каких-л. Границах; область. *Карпаты входят в пределы Украины.* 2. *Мн. ч.* (**пределы,** -ов); *перен.*: границы, рамки чего-л. (дозволенного, принятого, установленного). *Я не выхожу за пределы предоставленных мне законом прав.* 3. Последняя, крайняя степень. *Предел высоты. Предел прочности.* // Высшая ступень, верх чего-л. *Предел мечтаний.*

Фундаментальный — 1. Большой и прочный. *Фундаментальное строение*; 2. *Мн. ч.:* основательный, глубокий. *Фундаментальное исследование;* 3. Основной, главный. *Фундаментальная библиотека.*

Косвенно — не прямо, а через посредство чего-л., скрыто. *Иметь к чему-л. Косвенное отношение.*

Нормативный акт — устанавливаемый нормативом (**норматив** — показатель норм, в соответствии с которым производится какая-л. работа. *Технические нормативы*) постановление, документ, имеющий юридическое значение.

Предтекстовые задания

1. Образуйте от слова *конституция* прилагательное и составьте с ним словосочетания. Используйте слова для справок.

Слова для справок: право, строй, суд, монархия, закон, партия, форма правления, характеристики.

2. К словам из левой колонки подберите синонимы из правой колонки.

цивилизованный →	строить
конституция	мировоззрение
моделировать	культурный
суверенный	основной закон
идеология	независимый

Задания к тексту

1. Прочитайте текст.

Каждая страна, считающая себя цивилизованной, имеет свою конституцию. И это закономерно. Конституция важна и необходима для современного государства прежде всего потому, что в ней закрепляются его исходные принципы и назначение, функции и основы организации, формы и методы деятельности. Конституция устанавливает пределы и характер государственного регулирования во всех основных сферах общественного развития, взаимоотношения государства с человеком и гражданином. Самое главное — конституция придаёт высшую юридическую силу фундаментальным правам и свободам человека, защищает его честь и достоинство. Конституцию справедливо называют основным, главным законом государства. **Основы конституционного строя** — это совокупность закреплённых Конституцией основных положений и принципов, в соответствии с которыми должны находиться и другие положения Конституции, и все нормативные акты, принимаемые в Российской Федерации. В то же время основы конституционного строя как бы моделируют новое российское государство и гражданское общество.

Специальных комплексных актов, которые развивали бы и иллюстрировали конституционные характеристики государства (демократическое, правовое, федеративное, суверенное, социальное, светское, с республиканской формой правления) и принципы конституционного строя (народовластие, разделение властей, идеологическое и политическое многообразие и др.), нет. Есть, разумеется, законодательные и другие нормативно-правовые акты, прямо или косвенно иллюстрирующие положения каждой новой главы Конституции Российской Федерации.

2 **Восстановите диалог по репликам.**

— ....

— Да, разумеется, каждая страна имеет свою конституцию.

— ....

— Основным, главным законом государства справедливо называют Конституцию.

— ....

— Конституция важна и необходима потому, что в ней закрепляются его исходные принципы и назначение, функции и основы организации, формы и методы деятельности.

— ....

— Конечно, Конституция придаёт высшую юридическую силу фундаментальным правам и свободам человека, защищает его честь и достоинство.

— ....

— **Основы конституционного строя** — это совокупность закреплённых Конституцией основных положений и принципов, в соответствии с которыми находятся и другие положения Конституции, и все нормативные акты.

3 **Прочитайте фрагмент статьи (Задание № 1). Составьте краткую аннотацию к нему, используя предложенные речевые клише.**

В тексте говорится о ...
Утверждается, что ...
Особо подчёркиваются ...
Отмечается, что...
Даётся определение (чему) ...
Автор с сожалением отмечает, что ...

Фразеологизмы

Демократические свободы — свобода слова, печати, собраний и т. п.

Свобода совести — право граждан свободно исповедовать какую-л. религию или не исповедовать никакой религии.

На свободе — в свободное время, на досуге.

Дать свободу кому-л., чему-л. — то же, что **дать волю** — перестать сдерживать, предоставить свободу в поступках, действиях, в проявлении чувств.

Задания

1. **Проверьте себя: знаете ли вы значения данных фразеологизмов?**
2. **Найдите эквиваленты данных фразеологизмов в вашем родном языке.**
3. **Составьте предложения с данными фразеологизмами.**

Глава 8

✓ Официально-деловой стиль речи

Тема: Законодательство РФ

8.1. ОФИЦИАЛЬНО-ДЕЛОВОЙ СТИЛЬ РЕЧИ

Сфера употребления: государственные, правовые и дипломатические отношения; служебная, производственная, деловая сферы.

Основные черты: логичность, точность, краткость, стандартность, нейтральный тон и неличный характер изложения.

В официально-деловом стиле широко используются готовые штампы (клише), трафареты, словесные формулы, часто повторяются одни и те же слова и формы.

Используются:

— слова-наименования лиц по действию, состоянию, положению (*государство, вкладчик*);

— собирательные существительные (*граждане, депутаты, выборы, представители*);

— слова-названия документов (*закон, указ, доверенность, акт*);

— сложносокращённые слова (*законопроект, правопорядок, самоуправление, госзаказ*);

— аббревиатуры (*РФ, ООН, ФСБ, ТАСС*).

Нарушением норм стиля считается использование просторечных, жаргонных, эмоционально окрашенных слов; неуместное использование иностранных слов.

ТЕКСТ 1

ПОНЯТИЕ ОСНОВ КОНСТИТУЦИОННОГО СТРОЯ РФ

Комментарий к словам и словосочетаниям

Ядро — *перен.*: основная, наиболее важная часть чего-л.

Текущий — наличествующий в данное, настоящее время, теперешний. *Текущий год. Текущий момент.*

Иерархия — 1. Расположение частей или элементов целого в порядке от высшего к низшему; 2. Расположение служебных званий, чинов в порядке их подчинения. *Занимать видный пост в служебной иерархии. Иерархическая лестница.*

Противоречить — 1. Возражать, не соглашаться с кем-л. 2. Не соответствовать, заключая в себе противоречия. *Это не противоречит закону.*

Учредительный — служащий для создания или организации чего-л., основывающий что-л. *Учредительный съезд.*

Базироваться — основываться на чём-л., опираться на что-л.

Процедура — установленная, принятая последовательность действий для осуществления или оформления какого-л. дела. *Процедура голосования.*

Текущее законодательство — совокупность законов какой-л. страны или какой-л области права, функционирующих в данное, настоящее время.

Предтекстовые задания

1 **Слушайте слова и в паузах записывайте их, ставя ударение. Прочитайте вслух, обращая внимание на произношение мягкого [л'] перед твёрдым согласным.**

....

....

2 **Подберите прилагательные к существительным из Задания 1. С образованными словосочетаниями составьте предложения.**

3 **Запомните управление следующих глаголов. К существительным подберите прилагательные. Используйте слова для справок.**

Образец: соблюдать *(что?)* законы — *соблюдать международные законы*

занимать *(что?)* положение ....
противоречить *(чему?)* строю ....
являться *(чем?)* властью ....
определять *(что?)* черты ....
нуждаться *(в чём?)* защите ....
иметь *(что?)* силу ....
соблюдать *(что?)* процедуру ....

Слова для справок: основной, особый, конституционный, главный, юридический, верховенствующий, сложный

Задания к тексту

1 **Прочитайте текст. Расскажите, о чём в нём говорится.**

Конституция РФ 1993 года, принятая в результате референдума 12 декабря, занимает верховенствующее положение в правовой системе нашего государства. Она применяет новое для нашего законодательства понятие **«основы конституционного строя»**.

В каждом обществе имеется свой строй: экономический, политический, социальный, духовные отношения. Этот общественный строй и является основой для государства и права.

Конституционный строй — это совокупность закреплённых в конституции принципов, основных её положений, в соответствии с которыми должны находиться все другие конституционные положения, а также текущее законодательство. Основы конституционного строя образуют ядро Конституции.

Положения главы 1 Конституции РФ, формирующие основы конституционного строя, занимают главное место в иерархии конституционных норм. Все другие положения Конституции не могут противоречить основам конституционного строя. Второй по уровню (после Конституционного собрания) орган учредительной власти — Федеральное Собрание, которое может принимать законы об изменении и дополнении статей Конституции, но за исключением содержащихся в главе 1, а также главах 2 и 9. Ни один принятый Федеральным Собранием закон, вносящий изменения в Конституцию РФ, не должен противоречить основам конституционного строя. Положения главы 1 Конституции РФ могут быть изменены только в ходе полного пересмотра всей Конституции.

Таким образом, статьи главы 1 Конституции РФ имеют высшую юридическую силу над другими статьями, любые изменения этих статей недопустимы.

Статья 16 завершает важнейшую главу Конституции России «Основы конституционного строя», которая определяет главные черты государственного и общественного строя, форму правления и политический режим. Эти положения необычайно важны, на них базируются все последующие главы Конституции. Принципы, закреплённые в главе 1, из-за их чрезвычайной важности нуждаются в особой защите. Это нашло своё отражение в Основном законе, который не допускает пересмотра парламентом положений этой главы. Данное конституционное установление даёт стабильность нашей Конституции и конституционному строю. Если же предложения о пересмотре положений Конституции будут поддержаны 3/5 голосов от общего числа членов Совета Федерации и депутатов Государственной Думы, то эти предложения могут быть рассмотрены в особом порядке, с соблюдением весьма сложной процедуры.

2 Закончите предложения, используя материал статьи.

1. Конституция РФ 1993 года занимает … .
2. Конституционный строй представляет собой … .
3. Главное место в иерархии конституционных норм занимают … .
4. Федеральное Собрание может принимать законы … .
5. В ходе полного пересмотра всей Конституции РФ могут быть … .

3 Внимательно прочитайте каждое утверждение и ответьте, истинное оно или ложное.

1. Положения главы 1 Конституции РФ, формирующие основы конституционного строя, занимают главное место в иерархии конституционных норм.

2. Второй по уровню (после Конституционного собрания) орган учредительной власти — Федеральное Собрание — не имеет права принимать законы об изменении и дополнении статей Конституции.

3. Положения главы 1 Конституции РФ могут быть изменены только в ходе полного пересмотра всей Конституции.

4. Статьи главы 1 Конституции РФ не имеют высшей юридической силы над другими статьями, изменение этих статей закономерно и допустимо.

5. Статья 16 завершает главу Конституции России «Основы конституционного строя», которая определяет главные черты государственного и общественного строя, форму правления и политический режим. Эти положения не так уж важны.

6. Не допускается пересмотр парламентом положений главы 1. Данное конституционное установление даёт стабильность нашей Конституции и конституционному строю.

4 **Выпишите из приведённых статей Конституции глаголы, типичные для официально-делового стиля.**

Глава 1. Основы конституционного строя

Статья 1

1. Российская Федерация — Россия есть демократическое федеративное правовое государство с республиканской формой правления.

2. Наименования Российская Федерация и Россия равнозначны.

Глава 2. Права и свободы человека и гражданина

Статья 26

1. Каждый вправе определять и указывать свою национальную принадлежность. Никто не может быть принуждён к определению и указанию своей национальной принадлежности.

2. Каждый имеет право на пользование родным языком, на свободный выбор языка общения, воспитания, обучения и творчества.

5 **Укажите, в чём проявляется в статьях Конституции (Статья 1, Статья 26) точность, краткость изложения?**

Дискуссия

Выскажите свою точку зрения на предложенные темы (по выбору). Сопоставьте с ситуацией в вашей стране.

1. Основные особенности Конституции РФ.

2. Достоинства и недостатки Основного Закона (Конституции) Российской Федерации.

3. Изменение действующей Конституции. (Возможно ли это? В каких случаях это можно сделать?)

ТЕКСТ 2

ПРИНЦИПЫ СВЕТСКОГО И МНОГОНАЦИОНАЛЬНОГО (ВНЕНАЦИОНАЛЬНОГО) ГОСУДАРСТВА

Комментарий к словам и словосочетаниям

Опека — 1. Надзор за недееспособными гражданами (малолетними, душевнобольными и т. п.), попечение об их личных и имущественных правах, возлагаемые государством на кого-л. и осуществляемые под контролем государственной власти. *Учредить опеку. // Перен.* Забота, попечение. *Трудно освободиться от его опеки.* 2. Несколько лиц или учреждений, на которые возложен такой надзор. *Органы опеки.*

Предпочтительный — лучший по сравнению с другими. *Предпочтительный срок. Предпочтительный результат.*

Поручать (поручить) — 1. Возложить на кого-л. исполнение чего-л. *Поручить принести книги из библиотеки.* 2. Вверить кого-л. чьим-л. заботам, попечению. *Поручить ребёнка соседке.*

Несовместимый — не сочетающийся с чем-л.; существующий одновременно с чем-л. другим. *Несовместимые понятия. Несовместимые характеры.*

Многонациональный — состоящий из многих наций, народностей; представленный многими нациями, народностями. *Многонациональное государство. Многонациональный народ.*

Предтекстовые задания

1. Подберите к словам, данным в левой колонке, синонимические группы из правой.

жёсткий →	определять, находить, учреждать
обязательный	когда-то, некогда, в своё время, как-то
поручать	строгий, твёрдый, крепкий, железный
безусловно	доверять, возлагать, вверять
устанавливать	абсолютно, бесспорно, конечно
раньше	непременный, неизбежный, неукоснительный

2. Замените глагольные сочетания именными. Запишите образованные словосочетания.

Образец: завершить переговоры — *завершение переговоров*

установить принцип светского государства ....

....

поддержать принцип жёсткой опеки ....

....

отделить религиозные объединения ....

....

охранять законную деятельность ....

....

включить в официальное обучение ....

....

выбрать определённую национальность ....

....

3. Объясните смысл следующих словосочетаний.

Конституционный строй, разжигание национальной розни, верховенство закона, неприкосновенность территории, личная неприкосновенность, субъект Российской Федерации, социальная защита, форма собственности.

Задания к тексту

1 Прочитайте и озаглавьте текст. Расскажите, о чём в нём говорится?

Духовная жизнь общества многообразна, она включает в себя культуру, в том числе искусство, область верований, национальный, языково́й и другие аспекты. Действующая Конституция отказалась от принципа жёсткой опеки государства над духовной жизнью общества и устанавливает принцип светского государства. Светским государством следует считать такое государство, в котором не существует какой-либо официальной, государственной религии и ни одно из вероучений не признаётся обязательным или предпочтительным.

Отделение религиозных объединений от государства означает, что государство, его органы и должностные лица не вмешиваются в вопросы определения гражданами своего отношения к религии, в законную деятельность религиозных объединений и не поручают последним выполнение каких-либо государственных функций. **Безусловно**, государство охраняет законную деятельность религиозных объединений. Религиозные объединения не могут вмешиваться в дела государства, не участвуют в выборах органов государственной власти и в деятельности политических партий. **Вместе с тем,** религиозные объединения могут принимать участие в социально-культурной жизни общества в соответствии с законодательством, регулирующим деятельность общественных объединений.

Статья 9 Закона «О свободе вероисповеданий» называется «Светский характер системы государственного образования». Она устанавливает, что обучение в государственных и национальных образовательных учреждениях носит светский характер и не преследует цели формирования какого-либо отношения к религии. **При этом** в негосударственных образовательных учреждениях, частным образом на дому или при религиозном объединении, а также в факультативах (по желанию граждан) во всех учебных заведениях преподавание вероучений и религиозное воспитание допускается. Указанное положение нельзя путать, как это часто бывает, с возможностью включения в официальное обучение, в программы государственных и муниципальных образовательных учреждений Закона Божьего или других религиозных дисциплин. Светское образование несовместимо с этим.

Таким образом, светское государство не провозглашает какой-либо официальной или предпочтительной религии, ни одно вероучение не оказывает определяющего влияния на деятельность государства, систему государственного и муниципального образования.

Принцип вненационального государства прямо в Конституции не закрепляется, но прослеживается. Употребляется понятие «многонациональный народ». **Однако** в данном случае этот термин применим для того, чтобы усилить акцент на неделимости власти по национальному признаку. Сегодня каждому человеку дано право самому выбирать национальность, язык общения и обучения.

Раньше паспорт был единственным источником сведений о национальности. Изменить национальность в течение жизни было невозможно, хотя государство считалось интернациональным. Сведения о национальности учитывались и влияли на карьеру. Теперь в графе «национальность» можно не писать ничего, указать несколько национальностей, считать себя лицом без национальности. **Разумеется**, всё это имеет огромное прогрессивное значение для становления человека как свободной личности.

◇2 **Прочитайте текст. Опираясь на Таблицу № 2, укажите, какие смысловые отношения между предложениями выражают выделенные средства связи.**

◇3 **Подтвердите или опровергните предложенные утверждения. Аргументируйте своё мнение, опираясь на текст.**

1. Действующая Конституция отказалась от принципа жёсткой опеки государства над духовной жизнью общества и устанавливает принцип светского государства.

2. Государство не считает нужным охранять законную деятельность религиозных объединений.

3. Религиозные объединения могут вмешиваться в дела государства, участвовать в выборах органов государственной власти и в деятельности политических партий.

4. Обучение в государственных и национальных образовательных учреждениях носит светский характер и не преследует цели формирования какого-либо отношения к религии.

5. Светское государство не провозглашает какой-либо официальной религии, ни одно вероучение не оказывает определяющего влияния на

деятельность государства, систему государственного и муниципального образования.

6. Принцип вненационального государства прямо в Конституции не закрепляется, но прослеживается.

7. Раньше паспорт не считался единственным источником сведений о национальности.

Фразеологизмы

1. Международная опека — система управления некоторыми несамостоятельными территориями, осуществляемая по поручению и под наблюдением Организации Объединённых Наций.

2. Вменить в вину (кому-л.) — обвинить в чём-л.

Вменить в обязанность — обязать сделать что-л.

Задания

◇1 **Проверьте себя: знаете ли вы значения данных фразеологизмов?**

◇2 **Найдите эквиваленты данных фразеологизмов в вашем родном языке.**

◇3 **Составьте предложения с данными фразеологизмами.**

ТЕКСТ 3

ПАСПОРТНАЯ СИСТЕМА В РОССИИ: ИСТОРИЯ И СОВРЕМЕННОСТЬ

Комментарий к словам и словосочетаниям

Отлучка — временное отсутствие; уход откуда-л. куда-л. на некоторое время. *После долгой отлучки срочно взялся за дела.*

Пошлина — государственный денежный сбор с ввозимых или вывозимых товаров, имущества. *Таможенная пошлина.* // Денежный сбор за некоторые операции, регулируемые государством. *Пошлина за прописку.*

Обусловливать (обусловить) — послужить причиной чего-л., вызвать что-л. *Их радость обусловлена победой.*

Бессрочный — не ограниченный каким-л. сроком. *Бессрочный паспорт. Бессрочный вклад.*

Вкладыш — добавочный лист, вложенный (но не вшитый) в книгу, паспорт, газету. *Цветная вкладка.*

Метрика — выписка из метрической книги о дате рождения; свидетельство о рождении. *Получить метрику в ЗАГСе.*

Подушная подать — взимаемый с каждого человека (с крестьян и мещан) налог в дореволюционной России.

Поселённый список — 1. *Устар.*: список, составленный на каждое селение. *Поселённые списки крестьян.* 2. *Ист.*: список солдат на военном поселении.

Неблагонадёжный — не вызывающий доверия; ненадёжный. В дореволюционной России: вызывающий у правительства подозрение в сочувствии революционным идеям, принадлежности к революционной организации и т. п. *Политически неблагонадёжен.*

Метрический — в выражении: **метрическая книга** — книга записей актов гражданского состояния (рождений, браков, смертей); **метрическое свидетельство** — документ, удостоверяющий, что акт о рождении, браке или смерти занесён в метрическую книгу; **метрическая запись** — выписка из метрической книги, подтверждающая рождение, брак, смерть.

Предтекстовые задания

1 Слушайте слова и в паузах записывайте их, ставя ударение.

....
....
....
....
....
....
....

2 Образуйте и запишите словосочетания, употребив слова и словосочетания из скобок в нужном падеже.

Образец: прийти *к чему?* (праздник, совершеннолетие) — *прийти к празднику, к совершеннолетию*

вернуться *к чему?* (закон, вопрос, постановление) ....
....

использоваться *для чего?* (путешествие, предотвращение, порядок, паспорт) ....
....

регулироваться *чем?* (закон, конституция, паспортная система) ....
....

согласиться *на что?* (порядок, воинская повинность, выплата налога, борьба) ....
....

обеспечить *что?* (порядок, выдача паспорта, проживание, уплата)
....

оформить *что?* (временная прописка, список, выдача) ....
....

Задания к тексту

1 Прочитайте текст. Напишите 3–4 вопроса, на которые вы хотели бы получить ответ от других студентов.

В декабре 2002 г. паспортно-визовая служба Российской Федерации отметила своё 70-летие: 27 декабря 1932 г. было издано постановление Центрального Исполнительного Комитета Совета Народных Комиссаров о введении паспортной системы. В действительности история российского паспорта насчитывает около 300 лет.

Начало паспортной системы в России приходится на первую четверть XVIII в. По указу Петра I 1719 года в связи с введением рекрутской повинности и подушной подати обязательными стали так называемые «проезжие грамоты», которые с начала XVII в. использовались для путешествий внутри страны. В 1724 г. с целью предотвращения уклонения крестьян от уплаты подушной подати, для них были установлены особые правила при отлучках с места жительства.

Паспортная система должна была обеспечить порядок и спокойствие в государстве, гарантировать контроль над уплатой налогов, выполнением воинской обязанности и, прежде всего, передвижением населения. С 1763 г. и до конца XIX в. паспорт был средством сбора паспортных пошлин.

С конца XIX в. до 1917 г. паспортная система в России регулировалась законом 1897 г., по которому паспорт в месте постоянного проживания не требовался. Однако были и исключения: так, например, требовалось иметь паспорта в столицах и приграничных городах, в ряде местностей обязаны были иметь паспорта рабочие фабрик и заводов. Не нужно было иметь паспорт при отлучке из места постоянного жительства в пределах уезда и за его пределами не далее чем на 50 вёрст и не более чем на 6 месяцев, а также лицам, нанимающимся на сельские работы. В паспорт мужчины записывалась жена, а замужние женщины могли получить отдельные паспорта только с согласия мужей. Неотделённым членам крестьянских семейств, в том числе и совершеннолетним, паспорт выдавался только с согласия хозяина крестьянского двора.

Что касается ситуации с заграничными паспортами до 1917 г., то полиция держала её под постоянным контролем. Так, в первой половине XIX в. уехать за границу было довольно сложно. Тем не менее, дворянам разрешалось отлучаться на несколько лет, представителям других сословий — на меньшие сроки. Стоили заграничные паспорта дорого. Объявление о каждом выезжающем трижды публиковалось в официальных газетах, выдавались загранпаспорта только тем, к кому не было «претензий» у частных лиц и официальных органов.

После победы советской власти паспортная система была отменена, однако уже скоро была сделана первая попытка её восстановления. В июне 1919 г. были введены обязательные «трудовые книжки», которые, так не называясь, фактически были паспортами. В качестве документов, удостоверяющих личность, использовались также метрики и разные «мандаты». Настоящая паспортная система была введена в СССР в конце 1932 г., когда в ходе индустриализации потребовался административный учёт, контроль и регулирование передвижения населения страны из сельских районов в промышленные и обратно. Кроме того, введение паспортной системы прямо обусловливалось обострением классовой борьбы, необходимостью охраны крупных промышленных и политических центров, в том числе и социалистических новостроек, от преступных элементов.

С декабря 1932 г. паспорта обязаны были иметь все граждане, достигшие 16-летнего возраста и постоянно проживающие в городах, рабочих посёлках, посёлках городского типа, новостройках, совхозах, местах расположения машинно-тракторных станций (МТС), в определённых районах Ленинградской области, на всей территории Московской области и других специально указанных местностях. Выдавались паспорта с обязательной пропиской по месту жительства (при смене места проживания следовало получить временную прописку в течение суток). Кроме прописки, в паспортах фиксировалось социальное положение гражданина и место его работы. С 1937 г. в паспортах появились фотокарточки.

Не получали паспортов военнослужащие, а также колхозники, учёт которых вёлся по поселённым спискам. Были и многочисленные категории «лишенцев»: ссыльные и «неблагонадёжные» и, как тогда говорили, «поражённые в правах» люди. По различным причинам многим отказывали в прописке в «режимных» и приграничных городах.

Колхозники стали получать паспорта лишь во времена «оттепели», в конце 1950-х гг. Завершился этот процесс только после утверждения нового «Положения о паспорте» 1972 г. Тогда же ушли в прошлое и паспорта, чьи буквенно-цифровые коды означали, что человек был в лагерях, в плену или в оккупации. Таким образом, в середине 1970-х годов произошло полное уравнение в паспортных правах всех жителей страны. Именно тогда всем без исключения разрешили иметь совершенно одинаковые паспорта.

С 1997 г. в России проводился всеобщий обмен советских паспортов образца 1974 г. на новые, российские. Завершилась акция в конце 2003 г.

Паспорт является основным документом, удостоверяющим личность гражданина на территории Российской Федерации, и выдаётся органами внутренних дел по месту жительства. Сегодня все граждане России обязаны иметь паспорта с 14-летнего возраста, по достижении гражданином 20 и 45 лет паспорт подлежит замене. (Предыдущий, советский, паспорт, как уже указывалось, выдавался в 16 лет и, кроме того, был бессрочным: в него вклеивались новые фотографии владельца паспорта по достижении им 25 и 45 лет).

В паспорт вносятся сведения о личности гражданина: фамилия, имя, отчество, пол, дата и место рождения; делаются отметки о регистрации по месту жительства, отношении к воинской обязанности, о регистрации и расторжении брака, о детях, о выдаче заграничного паспорта (общегражданского, дипломатического, служебного или паспорта моряка), а также о группе крови и резус-факторе (по желанию). Следует отметить, что в российском паспорте отсутствует графа «национальность», которая была в паспорте гражданина СССР.

Паспорта изготавливаются и оформляются по единому для всей страны образцу на русском языке. Вместе с тем, республики, входящие в состав России, могут изготавливать вкладыши к паспорту с текстом на государственных языках этих республик.

С 1 января 2004 г. паспорта старого образца перестали иметь юридическую силу.

(По материалам В. Борисенко)

② Подберите к каждому термину соответствующее определение.

Постановление	предмет, по которому изготовляются подобные же предметы
Порядок	раздел текста
Документ	существующая система общественного устройства
Графа	официальное оформление кого-л. по определённому адресу, а также пометка в документе (паспорте) об этом оформлении
Образец	распоряжение правительственного учреждения
Прописка	паспорт, удостоверение личности

③ Прочитайте текст и вопросы к нему. Найдите в тексте ответы на вопросы. Запишите их в той логической последовательности, в какой они появлялись в тексте.

1. С какого времени существует паспортная система в России?

2. В связи с чем и когда была введена в СССР настоящая паспортная система?

3. Каковы были правила паспортной системы в России с конца XIX в. До 1917 г., которая регулировалась законом 1897 г.?

4. Что должна была обеспечить паспортная система с 1763 г. И до конца XIX в.?

5. Какие категории граждан не получали паспортов и по какой причине?

6. Чем отличается паспорт нового образца от предыдущего, советского?

7. Какова была ситуация с заграничными паспортами до 1917 г.?

④ Составьте тезисы текста из Задания 1 в соответствии с предложенным планом.

План

История российского паспорта.
Роль паспортной системы в государстве.

Ситуации с заграничными паспортами до 1917 г.

Необходимость введения паспортной системы в 1932 г.

Всеобщий обмен советских паспортов образца 1974 г. На новые, российские, в 1997 г.

5 Расскажите текст, пользуясь планом (Задание 4).

Фразеологизмы

Рекрутская повинность — *ист.*: способ комплектования русской армии в XVIII и XIX вв. (до введения всеобщей воинской повинности), заключавшийся в обязательной поставке податными сословиями определённого числа рекрутов (солдат, новобранцев).

Поражение прав (в правах) — *ист., юр.*: мера наказания, состоявшая в лишении всех или некоторых политических и гражданских прав.

Задания

1 Проверьте себя: знаете ли вы значения данных фразеологизмов?

2 Найдите эквиваленты данных фразеологизмов в вашем родном языке.

3 Составьте предложения с данными фразеологизмами.

Дискуссия

Совершенна ли, на ваш взгляд, паспортная система в России? Напишите текст выступления. Постарайтесь отразить в нём достоинства и недостатки паспортной системы в России. Сравните с ситуацией в вашей стране.

Приложения

- ✓ Тексты для аудирования
- ✓ Список некоторых общепринятых сокращений
- ✓ Средства организации связного текста
- ✓ Владение населением языками (кроме русского)
- ✓ Население РФ по национальности и владению русским языком
- ✓ Список субъектов Российской Федерации
- ✓ Интервью
- ✓ Тезисы
- ✓ Реферат
- ✓ Аннотация
- ✓ Тексты для самостоятельного чтения

Приложение № 1

ТЕКСТЫ ДЛЯ АУДИРОВАНИЯ

ГЛАВА 1

1.1. Тема: Россия на карте мира

ТЕКСТ 1

Предтекстовые задания

1. Слушайте слова и в паузах записывайте их, ставя ударение.

Заснеженный, Балтийское море, площадь, россиянин, положение, предопределить, полуостров, протяжённость, жизнедеятельность, субтропический, многолетний, горизонт, часовой.

ТЕКСТ 2

Предтекстовые задания

1. Слушайте слова и в паузах записывайте их, ставя ударение.

Независимый, большинство, протяжённость, преимущественно, полушарие, побережье, бассейн, использоваться, сектор, территориальный.

Задания

4. Запишите предложения под диктовку. Сделайте необходимые сокращения.

1. Известно, что Российская Федерация по географическому положению – одна из самых северных стран. 2. Россия стала крупнейшим государством СНГ (77 % площади, 54 % населения). 3. Южная точка России – в Дагестане, на границе с Азербайджаном. 4. Прикаспийские государства не решили, будет ли Каспийское море поделено на секторы или за пределами территориальных вод будет иметь международный статус. 5. Так как в конце 1991 года произошёл распад Советского Союза на отдельные независимые государства, большинство бывших союзных республик, кроме стран Балтии, образовали СНГ.

ТЕКСТ 3

Предтекстовые задания

◇1 Слушайте слова и в паузах записывайте их, ставя ударение.

Над горизонтом, позже, петербургское время, вводить, специальное постановление, поясное время, большая часть, искусственное освещение, ежегодно переводить, использовать, естественное освещение, пораньше.

1.2. Тема: Русский характер

ТЕКСТ 2

Предтекстовые задания

◇1 Слушайте слова и в паузах записывайте их, ставя ударение.

Безжалостный, необъятный, подтверждать, ценности, постоянный, убеждение, неизменный, уязвимость, заброшенность, враждебность, лихорадочно, сокращённый.

ГЛАВА 2

2.1. Тема: Этногеографическое положение России

ТЕКСТ 1

Предтекстовые задания

◇1 Слушайте слова и словосочетания и в паузах записывайте их, ставя ударение.

Межнациональные отношения, этнические процессы, ближайшее окружение, культурология, несомненно, находившиеся под властью, протестантская церковь, православный, мусульманский мир, поддерживать, независимый, взаимодействовать, земледельцы, высланные с территории, численность, неблагоприятный, приспособиться в течение веков, выполнять функции, исчезнуть.

ТЕКСТ 2

Предтекстовые задания

1 Запишите слова под диктовку. Подчеркните одной чертой букву, произносимую как твёрдый [л], двумя чертами — букву, произносимую как мягкий [л']. Прочитайте.

Поскольку, орёл, символизировать, двуглавость, следовательно, символ, **значительность, толкование**, являться, располагаться, **получаться**, ментальность, национальный, **отличаться**, столица, культурный, **только,** цивилизация, **направлять**, истолковать.

2.2. Тема: Национальный и религиозный состав населения России

ТЕКСТ 1

Предтекстовые задания

1 Слушайте слова и в паузах записывайте их, ставя ударение.

Моноэтнический, полиэтнический, восточнославянский, православный, многочисленный, расположенный, мусульманский, исповедовать, распространить, незначительно, эмиграция, ассимилировать, рассредоточенность, расселение, религиозно-культурный, ущемлять, национально-культурный.

ТЕКСТ 2

Предтекстовые задания

1 Слушайте слова и в паузах записывайте их, ставя ударение.

Зафиксировано, последовательно, сельскохозяйственных, монастырский, строительство, приверженец, непосредственно, родственный, мусульманский, умиротворяющий, расселение.

2.3. *Тема:* Православие в жизни русского народа

ТЕКСТ 2

Предтекстовые задания

1 Слушайте слова и в паузах записывайте их, ставя ударение.

Религиозный, принадлежность, воздействующий, традиционно, православие, языковой, дружественный, связь, зарубежье, русскоязычный.

ТЕКСТ 3

Предтекстовые задания

1 Слушайте слова и в паузах записывайте их, ставя ударение. Прочитайте, обращая внимание на произношение слов с удвоенными согласными.

Многочисленный, численность, особенность, традиционный, группа, естественно, одновременно, расселение, деревянный, искусство.

ТЕКСТ 4

Предтекстовые задания

1 Слушайте словосочетания и в паузах записывайте их, ставя ударение.

Неспокойный регион, естественный прирост, последствия политики, администрация Российской империи, недоступных горных аулов, переселяла в предгорья, освободившиеся земли, выселение казаков, постигла и другие народы, русские переселенцы.

ГЛАВА 3

3.1. Тема: Население России

ТЕКСТ 3

Предтекстовые задания

◇1 Слушайте слова и словосочетания. В паузах записывайте их, ставя ударение.

Россияне, переезжать, обстоятельство, обострение, жизненный уровень, невыплата, заработная плата, перспектива, невозможно компенсировать, иммигранты, социально-экономический, миграционный, криминальный бизнес, цивилизованный рынок, регулятор миграционного поведения, нелегальный характер.

ТЕКСТ 6

Предтекстовые задания

◇1 Слушайте слова и в паузах записывайте их, ставя ударение.

Родственный, зависимость, происхождение, объединяться, подавляющий, индоевропейский, численность, многоэтнический, принадлежащий, исчезновение.

ГЛАВА 4

4.1. Тема: Национально-государственное и административно-территориальное устройство России

ТЕКСТ 2

Предтекстовые задания

◇1 Слушайте слова и в паузах записывайте их, ставя ударение.

Федеративный, формироваться, национально-автономный, конституционный, переустройство, преимущественный, противоречивый, приложение, предусматривать, национально-территориальный, спроецировать, многопартийность, политико-территориальный, децентрализация, уравновешивается, односторонний.

4.2. Тема: Форма государственного устройства РФ

ТЕКСТ 2

Предтекстовые задания

◇1 Слушайте слова и в паузах записывайте их, ставя ударение.

Правление, деспотия, провинция, собственно, организация, первоначально, город-государство, кровнородственный, первобытный, членение.

4.3. Тема: Территориальная организация государственной власти в РФ

ТЕКСТ 1

Предтекстовые задания

◇1 Слушайте слова и словосочетания и в паузах записывайте их, ставя ударение.

Самобытный, механизм регулирования, двусторонние договоры, видеть в разграничении, полномочие, противоречивость, неуправляемый, численный, алфавит, автономия, самобытный, равноправных субъектов, регулироваться законом, конституционно-правовой статус.

ТЕКСТ 4

Предтекстовые задания

◇1 Слушайте слова и в паузах записывайте их, ставя ударение.

Монархия, проникновение, автономия, самоопределение, культурно-национальный, незначительный, национальный, придаток, объединявший, репрессированный, восстановленный, воссоздать, провозгласить.

ТЕКСТ 5

Предтекстовые задания

① Слушайте слова и в паузах записывайте их, ставя ударение.

Малочисленный, населяющий, предоставить, большей, соответствие, коренной, закреплён, устанавливать, предусматривать, социально-экономический, недрами, введены, отчисление, налогообложение, приватизации, муниципальный, гарантируют, культурно-национальный.

ГЛАВА 5

5.1. Тема: Органы государственной власти субъекта федерации

ТЕКСТ 2

Задания к тексту

① Слушайте текст без опоры на печатный вариант. Определите тему текста.

Федеративный характер Российского государства **предполагает**, что государственную власть в нём **осуществляют** как федеральные органы, так и органы субъектов Федерации. **Создание** механизма власти в субъекте РФ **требует закрепления** как в Конституции РФ, так и в конституциях (уставах) субъектов РФ. Естественно, что наиболее важные, **общефедеральные основы организации** государственной власти в субъекте Федерации закреплены в Конституции РФ, а **соответствующие** им конкретные **системы органов власти** — в конституциях (уставах) субъектов Федерации.

Схема основных **органов субъекта Федерации** и их взаимоотношений должна соответствовать федеральной, то есть включать органы, аналогичные Президенту, Федеральному Собранию и Правительству РФ.

Государственная власть в субъекте РФ должна **строиться на разделении** законодательной, исполнительной и судебной властей, а также на основе самостоятельности этих органов.

Чтобы система органов государственной власти субъекта РФ находилась в единстве с системой органов государственной власти всей Федерации, она должна отвечать и другим **основам конституционного строя**, а именно: соответствовать **республиканской форме правления**, принципам правового, социального и светского государства. Следовательно, ни один субъект РФ не вправе создавать систему государственной власти на основе каких-либо религиозных догматов, монархической власти и т. п.

Конституции и уставы закрепляют в **качестве основ конституционного строя** систему органов государственной власти, в число которых входят **президент** республики (глава государства, глава республики) или **губернатор** (глава администрации) других субъектов РФ (в некоторых республиках единоличного главы государства нет), **законодательный** (представительный) орган (с разными названиями), **правительство** (кабинет, администрация) и **судебные органы**.

ТЕКСТ 3

Предтекстовые задания

1 Слушайте словосочетания и в паузах записывайте их, ставя ударение.

Принимать конституцию, утверждать бюджет, представительные органы, избирается на основе, равные и прямые избирательные права, тайное голосование, право на участие, сроки полномочий, структура парламента, постоянно действующий, представительная система, вносить изменения и дополнения, состав парламента, численный состав, местное самоуправление, пользоваться неприкосновенностью, подвергать досмотру, мажоритарная система, тайное голосование.

ТЕКСТ 4

Предтекстовые задания

1 Слушайте слова и в паузах записывайте их, ставя ударение.

Исполнительный, конституционный, характерно, организационный, республика, именуемый, Башкортостан, Хакасия, парламентский, представительный, осуществление, должностной, предоставляться, обнародовать, запрещается, многонациональный, одновременно, вице-президент, неприкосновенность, администрация, государственно-правовой, уравнение.

ТЕКСТ 5

Предтекстовые задания

1 Слушайте слова и словосочетания и в паузах записывайте их, ставя ударение.

Федеральный суд, конституционный (уставной) суд, мировой судья, судебная система, суд общей юрисдикции, Высший Арбитражный Суд, поднадзорный, предоставленные полномочия, военные и специализированные суды, Верховный Суд, судебный орган, арбитражный суд, гражданский, уголовное дело, административное правонарушение, осуществлять контроль, тяжкое преступление, законом предусмотрено, гарнизонный военный суд, окружной (флотский) военный суд, Военная коллегия, суд первой инстанции.

ГЛАВА 6

6.1. Тема: Становление института президентства в России

ТЕКСТ 1

Предтекстовые задания

1 Слушайте слова и словосочетания и в паузах записывайте их, ставя ударение.

Председательствовать, пост президента, должность, форма правления, установить республику, сторонник, деятельность правительства, парламентская республика, контроль за деятельностью, выразить недоверие, избирательное право, избираться на основе, тайное голосование, состоявшийся, принять участие, копия, списочный состав, получать мандат, имущественное ограничение, быть избранным, федеральный бюджет, избирательный фонд, финансирование кампании, считаться приписанными, осуществляться открыто и гласно.

ТЕКСТ 3

Предтекстовые задания

1 Слушайте слова и словосочетания и в паузах записывайте их, ставя ударение.

Регламентация, гарант, целостность, полномочие, классифицировать, подведомственный, внешнеполитический, чрезвычайный, ратификационный, верительные грамоты, отзывные грамоты, аккредитуемый, дипломатический, представитель, процедура, протокол.

ГЛАВА 7

7.1. Тема: Законодательство РФ

ТЕКСТ 1

Предтекстовые задания

1 Слушайте слова и в паузах записывайте их, ставя ударение. Прочитайте вслух, обращая внимание на произношение мягкого [л'] перед твёрдым согласным.

Результат, законодательство, социальный, учредительный, федеральный, стабильность.

ТЕКСТ 3

Предтекстовые задания

1 Слушайте слова и в паузах записывайте их, ставя ударение.

Паспортно-визовая, постановление, повинность, предотвращение, приходится, подать, установлены, гарантировать, передвижение, регулировать, неотделённый, совершеннолетние, выезжающим, удостоверяющий, восстановление, общегражданский, дипломатический, изготавливаться, предыдущий.

Приложение № 2

СПИСОК НЕКОТОРЫХ ОБЩЕПРИНЯТЫХ СОКРАЩЕНИЙ

1. После перечисления
др. — другие / -ое
пр. — прочие / -ее
т. д. — так далее
т. е. — то есть
т. п. — тому подобное

2. При ссылке (например, на другую часть или главу работы)
см. — смотри
ср. — сравни
напр. — например

3. При обозначении цифрами годов, веков
в. — век
вв. — века
г. — год
гг. — годы

4. Должности и звания
акад. — академик
бух. — бухгалтер
доц. — доцент
лаб. — лаборант
проф. — профессор
ст. преп. — старший преподаватель

5. Особые случаи сокращения слов и словосочетаний
авт. — автор
бр. — брошюра
букв. — буквально
введ. — введение
вм. — вместо
вопр. — вопросы
в т. ч. — в том числе
вуз — высшее учебное заведение
вып. — выпуск
вых. дан. — выходные данные
гл. — глава

гл. обр. — главным образом
г. — город (г. Москва)
гр. — гражданин
грам. — грамматика
им. — имени (им. Академика Анохина)
какой-л. — какой-либо
км — километр
к-рый — который
млн. — миллион
млрд. — миллиард
назв. — название
науч. — научный
нач. — начало
нац. — национальный
н. э. — наша эра
ок. — около
перен. — переносное
публ. — публикация
реф. — реферат
руб. — рубль
русск. — русский
с. — секунда
с. — страница (при цифрах, например: с. 83)
след. — следующий
совр. — современный
сокр. — сокращение
соотв. — соответственно
спец. — специальный
ст. — статья
т. н. — так называемый
т. о. — таким образом
т. к. — так как
т. — том (книги)
тт. — тома
учеб. — учебный
фак. — факультет
ч. — часть
тыс. — тысяча
эк. — экономика
юр. — юридический

Запомните: при сокращении двойными буквами точка между ними не ставится, например: **вв., гг., тт**.

Приложение № 3

СРЕДСТВА ОРГАНИЗАЦИИ СВЯЗНОГО ТЕКСТА
(некоторые случаи соединения информации*)

Смысловые отношения между частями информации	**Средства организации связного текста**
Установление тождества, близости субъекта действия или места действия.	Он, этот, тот, такой, таков. Здесь, тут, там, туда, сюда, всюду, выше, ниже.
Причинно-следственные и условно-следственные отношения между частями информации.	И, но, поэтому, отсюда, оттуда, тем самым, в результате; следовательно, значит, стало быть, в силу этого, ввиду этого, вследствие этого, в зависимости от этого, благодаря этому, в связи с этим; в таком случае, в этом случае.
Присоединение и соединение частей информации.	И, также; при этом, вместе с тем; кроме того, сверх того, более того; кстати, между прочим.
Сопоставление и противопоставление частей информации.	И (всё-таки), же, с одной стороны, с другой стороны, наоборот, напротив, обратно; но, однако, а, не только, но и, зато, иначе, по-иному; так, точно так, так же, совершенно так, именно так, как; таким образом, таким путём, аналогично, следующим образом; тогда как, в противоположность этому.

---

* Использованы материалы сайта: http://web-local.rudn.ru (РУДН, дисциплина «Русский язык», программа по судебному красноречию).

Смысловые отношения между частями информации	Средства организации связного текста
Обобщение, вывод, итог предыдущей информации.	Таким образом, итак, короче, короче говоря, вообще, словом, вообще говоря; следовательно, из этого следует.
Порядок перечисления информации.	Во-первых, во-вторых, в-третьих; наконец.
Пояснение-иллюстрация, уточнение, выделение частного случая.	Например; так, например; именно, только, даже, лишь, ведь, особенно, другими словами, иначе говоря, точнее говоря, в частности, причём.
Оценка степени достоверности информации.	Разумеется, конечно, безусловно, очевидно, действительно, в самом деле; видимо.
Начало рассуждения, предстоящее действие.	В начале, сначала, прежде всего, в первую очередь, сейчас, теперь, предварительно; одновременно.
Одновременность, повторяемость действия.	Только что, уже, ранее, опять, ещё раз, снова, вновь.
Завершение действия.	Затем, позднее, впоследствии, в дальнейшем, в последующем, впредь, в заключении, далее.
Связь с предыдущей и последующей информацией.	Как указывалось, как было показано, как указано выше, как упомянуто, как отмечалось, согласно этому, сообразно этому, соответственно этому, сообразно с этим, в соответствии с этим; последний, предыдущий, предшествующий, данный, искомый, соответствующий, вышеописанный, вышеуказанный, вышепри-

Смысловые отношения между частями информации	Средства организации связного текста
	ведённый, вышеупомянутый, введённый, выведенный, доказанный, заданный, законченный, изложенный, найденный, описанный, определённый, отмеченный, перечисленный, построенный, приведённый, применённый, рассмотренный, сделанный, сформулированный, указанный, упомянутый, установленный, следующий, нижеследующий, последующий, дальнейший, приводимый, разыскиваемый, рассматриваемый, требуемый, анализируемый, изучаемый.
Введение обобщающей информации.	Рассмотрим следующие случаи..., приведём пример..., продолжим рассмотрение..., выясним соотношение...

Приложение № 4

ВЛАДЕНИЕ НАСЕЛЕНИЕМ ЯЗЫКАМИ (КРОМЕ РУССКОГО)
(по итогам переписи населения РФ 2002 г.)*

Язык	Численность лиц, владеющих данным языком (тыс. чел.)	Язык	Численность лиц, владеющих данным языком (тыс. чел.)
Абазинский	38	Барабинский	0,01
Абхазский	9	Башкирский	1380
Аварский	785	Бежтинский	6
Агульский	29	Белорусский	317
Адыгейский	129	Белуджский	1
Азербайджанский	669	Бенгали	1
Алабугатских татар	0,02	Болгарский	31
Албанский	5	Ботлихский	0,1
Алеутский	0,2	Бурятский	369
Алтайский	66	Венгерский	10
Алюторский	0,1	Вепсский	6
Английский	6947	Водский	2
Андийский	24	Вьетнамский	26
Арабский	52	Гагаузский	8
Армянский	905	Гинухский	1
Арчинский	1	Годоберинский	0,1
Ассирийский	8	Горномарийский	37
Астраханских ногайцев-карагашей	0,1	Голландский	3
		Греческий	56
		Грузинский	286
Афганский	9	Гунзибский	2
Ахвахский	6	Даргинский	504
Багулальский	0,1	Долганский	5

* Использованы материалы сайта: http://www.gks.ru/PEREPIS

Язык	Числен-ность лиц, владеющих данным языком (тыс. чел.)	Язык	Числен-ность лиц, владеющих данным языком (тыс. чел.)
Дунганский	1	Курдский	37
Иврит, идиш	30	Лазский	0,1
Ижорский	0,4	Лакский	153
Ингушский	405	Латышский	35
Инуитский, сиреникский, юитский	0,5	Лезгинский	397
Испанский	112	Литовский	49
Итальянский	54	Лугово-восточный марийский (марийский)	451
Ительменский	1	Мансийский	3
Кабардино-черкесский	588	Мегрельский	3
Казахский	564	Мокша-мордовский, мордовский, эрзя-мордовский	615
Калмыцкий	154	Молдавский	147
Караимский	0,1	Монгольский	12
Каракалпакский	2	Нанайский	4
Каратинский	7	Нганасанский	1
Карачаево-балкарский	303	Негидальский	0,2
Карельский	53	Немецкий	2893
Керекский	0,02	Ненецкий	32
Кетский	1	Нивхский	1
Киргизский	46	Ногайский	90
Китайский	59	Орочский	0,3
Коми	217	Осетинский	494
Коми-пермяцкий	94	Персидский	10
Корейский	60	Польский	94
Корякский	3	Португальский	10
Крымскотатарский	1	Румынский	23
Крымчакский	0,04	Рутульский	29
Кумандинский	1	Рушанский	1
Кумыкский	458		

Язык	Численность лиц, владеющих данным языком (тыс. чел.)	Язык	Численность лиц, владеющих данным языком (тыс. чел.)
Саамский	1	Хинди	6
Сванский	0,2	Цахурский	10
Селькупский	2	Цезский	15
Сербскохорватский	10	Цыганский	166
Словацкий	2	Чамалинский	4
Табасаранский	129	Челканский	1
Таджикский	131	Чеченский	1332
Талышский	5	Чешский	13
Татарский	5348	Чувашский	1325
Татский	3	Чукотский	8
Телеутский	2	Чулымско-тюркский	0,3
Тиндальский	1	Шведский	7
Тофаларский	0,4	Шорский	6
Тубаларский	0,4	Шугнанский	0,1
Тувинский	243	Эвенкийский	8
Турецкий	161	Эвенский	7
Туркменский	39	Энецкий	0,2
Удинский	3	Эстонский	27
Удмуртский	464	Югский	0,2
Удэгейский	0,3	Юкагирский	1
Узбекский	239	Юртовских татар	0,02
Уйгурский	2	Якутский	457
Украинский	1814	Японский	25
Ульта	0,1	Другие языки (не перечисленные выше)	108
Ульчский	1	Не указали владение языками	1420
Финский	52		
Французский	705		
Хакасский	52		
Хантыйский	14		
Хваршинский	3		

Приложение № 5

НАСЕЛЕНИЕ РФ ПО НАЦИОНАЛЬНОСТИ И ВЛАДЕНИЮ РУССКИМ ЯЗЫКОМ
(по итогам переписи населения РФ 2002 г.)*

	Городское и сельское население, тыс. человек		в том числе			
			городское население		сельское население	
	численность лиц соответствующей национальности	из них владеют русским языком	численность лиц соответствующей национальности	из них владеют русским языком	численность лиц соответствующей национальности	из них владеют русским языком
Все население	**145164**	**142571**	**106427**	**104881**	**38737**	**37690**
Абазины	38	37	16	16	22	21
Абхазы	11	11	10	10	1	1
Аварцы	757	656	294	280	463	376
Агулы	28	26	11	11	17	15
Адыгейцы	129	123	60	59	69	64
Азербайджанцы	621	587	479	457	142	130
Алеуты	1	1	0,2	0,2	0,4	0,4
Алтайцы	67	63	14	14	53	49
Американцы	1	1	1	1	0,05	0,04
Англичане	1	0,4	1	0,4	0,03	0,02

* Использованы материалы сайта: http://www.gks.ru/PEREPIS

	Городское и сельское население, тыс. человек		в том числе			
			городское население		сельское население	
	численность лиц соответствующей национальности	из них владеют русским языком	численность лиц соответствующей национальности	из них владеют русским языком	численность лиц соответствующей национальности	из них владеют русским языком
Андийцы	22	17	2	2	19	15
Арабы	11	10	10	9	0,4	0,4
Арабы среднеазиатские	0,2	0,2	0,2	0,2	0,05	0,05
Армяне	1130	1113	805	794	325	319
Арчинцы	0,1	0,1	0,1	0,1	0,01	0,01
Ассирийцы	14	14	11	11	3	3
Ахвахцы	6	5	0,1	0,1	6	5
Багулалы	0,1	0,1	0,04	0,04	0,01	0,01
Балкарцы	108	103	52	50	57	53
Башкиры	1674	1581	795	783	879	799
Бежтинцы	6	5	0,1	0,1	6	5
Белорусы	815	813	629	628	186	185
Бесермяне	3	3	1	1	2	2
Болгары	32	32	25	25	7	7
Ботлихцы	0,02	0,02	0,01	0,01	0,01	0,01
Буряты	445	429	195	192	251	237
Венгры	4	4	3	3	1	1
Вепсы	8	8	5	5	4	4

	Городское и сельское население, тыс. человек		в том числе			
			городское население		сельское население	
	численность лиц соответствующей национальности	из них владеют русским языком	численность лиц соответствующей национальности	из них владеют русским языком	численность лиц соответствующей национальности	из них владеют русским языком
Водь	0,1	0,1	0,1	0,1	0,02	0,02
Вьетнамцы	26	20	26	20	1	1
Гагаузы	12	12	9	9	3	3
Гинухцы	1	0,4	0,02	0,02	1	0,4
Годоберинцы	0,1	0,1	0,1	0,1	0,01	0,01
Греки	98	97	62	61	36	36
Греки-урумы	0,1	0,1	0,04	0,04	0,01	0,01
Грузины	198	195	167	164	31	30
Аджарцы	0,3	0,3	0,2	0,2	0,1	0,1
Ингилойцы	0,1	0,1	0,1	0,1	0,01	0,01
Лазы	0,2	0,2	0,1	0,1	0,1	0,1
Мегрелы	0,4	0,4	0,4	0,4	0,1	0,1
Сваны	0,04	0,04	0,04	0,03	0,01	0,01
Гунзибцы	1	1	0,03	0,03	1	1
Даргинцы	510	450	172	165	338	285
Долганы	7	7	1	1	6	5
Дунгане	1	1	1	1	1	1
Евреи	230	229	224	223	5	5
Евреи горские	3	3	3	3	0,2	0,2

	Городское и сельское население, тыс. человек		в том числе			
			городское население		сельское население	
	численность лиц соответствующей национальности	из них владеют русским языком	численность лиц соответствующей национальности	из них владеют русским языком	численность лиц соответствующей национальности	из них владеют русским языком
Евреи грузинские	0,1	0,1	0,1	0,1	0,0	0,0
Евреи среднеазиатские	0,1	0,1	0,1	0,1	0,01	0,01
Езиды	31	29	19	18	12	11
Ижорцы	0,4	0,4	0,2	0,2	0,2	0,2
Ингуши	412	361	186	166	226	195
Индийцы хиндиязычные	5	4	5	4	0,05	0,05
Испанцы	2	1	1	1	0,1	0,1
Итальянцы	1	1	1	1	0,04	0,04
Ительмены	3	3	1	1	2	2
Кабардинцы	520	483	241	233	279	250
Казахи	655	644	214	212	441	432
Кайтагцы	0,01	0,01	0,01	0,0	0,0	0,0
Калмыки	174	173	86	85	88	88
Камчадалы	2	2	1	1	1	1
Караимы	0,4	0,4	0,4	0,4	0,02	0,02
Каракалпаки	2	2	1	1	1	1
Каратинцы	6	5	0,5	0,4	6	5

	Городское и сельское население, тыс. человек		в том числе			
			городское население		сельское население	
	численность лиц соответствующей национальности	из них владеют русским языком	численность лиц соответствующей национальности	из них владеют русским языком	численность лиц соответствующей национальности	из них владеют русским языком
Карачаевцы	192	182	73	71	119	111
Карелы	93	93	52	52	41	41
Кереки	0,02	0,02	0,01	0,01	0,01	0,01
Кеты	2	2	1	1	1	1
Юги	0,1	0,1	0,1	0,1	0,03	0,03
Киргизы	32	31	29	27	3	3
Китайцы	35	23	33	22	1	1
Коми	293	289	140	139	154	149
Коми-ижемцы	14	13	1	1	13	12
Коми-пермяки	125	123	49	49	77	75
Корейцы	148	146	119	117	29	29
Коряки	9	9	3	3	6	6
Крымчаки	0,2	0,2	0,2	0,2	0,01	0,01
Кубачинцы	0,1	0,1	0,1	0,1	0,0	0,0
Кубинцы	1	1	1	1	0,1	0,1
Кумандинцы	3	3	2	2	1	1
Кумыки	423	384	199	190	224	194
Курды	20	18	5	4	15	14
Лакцы	156	147	110	106	47	41

	Городское и сельское население, тыс. человек		в том числе			
			городское население		сельское население	
	численность лиц соответствующей национальности	из них владеют русским языком	численность лиц соответствующей национальности	из них владеют русским языком	численность лиц соответствующей национальности	из них владеют русским языком
Латыши	29	28	21	21	8	8
Латгальцы	2	2	1	1	1	1
Лезгины	412	371	193	186	219	185
Литовцы	45	45	31	31	14	14
Манси	12	11	6	6	6	5
Марийцы	605	588	256	255	348	333
Горные марийцы	19	18	2	2	16	15
Лугово-восточные марийцы	56	54	21	21	35	34
Молдаване	172	171	129	127	44	43
Монголы	3	3	2	2	0,3	0,3
Мордва	845	839	440	439	404	399
Мордва-мокша	50	49	22	22	28	28
Мордва-эрзя	84	83	23	22	62	61
Нагайбаки	10	10	2	2	8	8
Нанайцы	12	12	4	4	9	8
Нганасаны	1	1	0,2	0,2	1	1
Негидальцы	1	1	0,3	0,3	0,5	0,5
Немцы	597	596	339	338	258	257

	Городское и сельское население, тыс. человек		в том числе			
			городское население		сельское население	
	численность лиц соответствующей национальности	из них владеют русским языком	численность лиц соответствующей национальности	из них владеют русским языком	численность лиц соответствующей национальности	из них владеют русским языком
Ненцы	41	37	8	8	33	29
Нивхи	5	5	3	3	3	3
Ногайцы	91	85	19	19	71	66
Орочи	1	1	0,4	0,4	0,4	0,4
Осетины	515	496	333	325	182	171
Осетины-дигорцы	1	1	0,3	0,3	0,3	0,3
Осетины-иронцы	0,1	0,1	0,1	0,1	0,02	0,02
Персы	4	4	3	3	1	1
Поляки	73	73	56	56	17	17
Пуштуны	10	9	10	9	0,3	0,2
Румыны	5	5	3	3	2	2
Русины	0,1	0,1	0,1	0,1	0,02	0,02
Русские	115868	115585	88913	88672	26956	26913
Казаки	140	140	64	64	76	76
Поморы	7	7	5	5	2	2
Рутульцы	30	27	10	10	20	17
Саамы	2	2	1	1	1	1
Селькупы	4	4	1	1	3	3

	Городское и сельское население, тыс. человек		в том числе			
			городское население		сельское население	
	численность лиц соответствующей национальности	из них владеют русским языком	численность лиц соответствующей национальности	из них владеют русским языком	численность лиц соответствующей национальности	из них владеют русским языком
Сербы	4	4	4	4	0,4	0,4
Словаки	1	1	0,5	0,5	0,1	0,1
Сойоты	3	3	0,3	0,3	3	2
Табасараны	132	115	54	51	78	64
Таджики	120	115	103	98	17	16
Тазы	0,3	0,3	0,1	0,1	0,2	0,2
Талыши	3	2	2	2	0,2	0,2
Татары	5558	5339	3799	3743	1760	1596
Астраханские татары	2	2	1	1	1	1
Кряшены	25	23	13	12	12	11
Татары сибирские	10	9	4	4	5	5
Татары крымские	4	4	2	2	2	2
Таты	2	2	2	2	0,1	0,1
Теленгиты	3	2	0,3	0,3	2	2
Телеуты	3	3	1	1	2	2
Тиндалы	0,05	0,04	0,03	0,02	0,02	0,02
Тофалары	1	1	0,3	0,2	1	1

	Городское и сельское население, тыс. человек		в том числе			
			городское население		сельское население	
	численность лиц соответствующей национальности	из них владеют русским языком	численность лиц соответствующей национальности	из них владеют русским языком	численность лиц соответствующей национальности	из них владеют русским языком
Тубалары	2	2	0,2	0,2	1	1
Тувинцы	244	207	108	98	136	109
Тувинцы-тоджинцы	36	28	4	3	33	25
Турки	92	83	18	15	74	67
Турки-месхетинцы	3	3	2	1	2	2
Туркмены	33	32	15	14	18	17
Удины	4	4	2	2	2	2
Удмурты	637	625	297	296	340	329
Удэгейцы	2	2	0,4	0,4	1	1
Узбеки	123	120	99	96	24	24
Уйгуры	3	3	2	2	1	1
Украинцы	2943	2936	2252	2246	692	691
Ульта (ороки)	0,4	0,4	0,3	0,3	0,2	0,2
Ульчи	3	3	1	1	2	2
Финны	34	34	23	23	11	11
Финны-ингерманландцы	0,3	0,3	0,3	0,3	0,04	0,04
Французы	1	1	1	1	0,04	0,04

	Городское и сельское население, тыс. человек		в том числе			
			городское население		сельское население	
	численность лиц соответствующей национальности	из них владеют русским языком	численность лиц соответствующей национальности	из них владеют русским языком	численность лиц соответствующей национальности	из них владеют русским языком
Хакасы	76	74	33	33	43	42
Ханты	29	28	10	10	19	18
Хваршины	0,1	0,1	0,02	0,02	0,1	0,1
Хемшилы	2	1	0,1	0,1	1	1
Цахуры	10	9	4	4	7	6
Цезы	15	11	2	2	14	10
Цыгане	183	176	114	110	69	67
Цыгане среднеазиатские	0,5	0,4	0,3	0,2	0,2	0,2
Чамалалы	0,02	0,02	0,01	0,01	0,01	0,01
Челканцы	1	1	0,1	0,1	1	1
Черкесы	61	57	23	22	38	35
Чехи	3	3	2	2	1	1
Чеченцы	1361	1128	503	436	858	692
Чеченцы-аккинцы	0,2	0,2	0,1	0,1	0,1	0,1
Чуванцы	1	1	1	1	1	1
Чуваши	1637	1585	840	836	797	749
Чукчи	16	15	3	3	12	12
Чулымцы	1	1	0,1	0,1	1	1

	Городское и сельское население, тыс. человек		в том числе			
			городское население		сельское население	
	численность лиц соответствующей национальности	из них владеют русским языком	численность лиц соответствующей национальности	из них владеют русским языком	численность лиц соответствующей национальности	из них владеют русским языком
Шапсуги	3	3	1	1	2	2
Шорцы	14	14	10	10	4	4
Эвенки	35	33	9	8	27	25
Эвены	19	18	6	6	13	12
Энцы	0,3	0,3	0,1	0,1	0,2	0,2
Эскимосы	2	2	1	1	1	1
Эстонцы	28	28	18	18	10	10
Эстонцы-сету	0,2	0,2	0,1	0,1	0,1	0,1
Юкагиры	2	1	1	1	1	1
Якуты	444	388	158	150	286	238
Японцы	1	1	1	1	0,1	0,1
Лица других национальностей (не перечисленных выше)	45	39	38	33	7	6
Лица, не указавшие национальность в переписном листе	1458	481	1422	464	35	17

Приложение № 6

СПИСОК СУБЪЕКТОВ РОССИЙСКОЙ ФЕДЕРАЦИИ (2005 г.)*

В списке субъекты идут в том же порядке, что и в статье 65-й Конституции Российской Федерации: республики, края, области, города федерального подчинения, автономные области, автономные округа, дополнительные. Внутри этих подразделов субъекты упорядочены по алфавиту.

По состоянию на 1 декабря 2005 субъектов РФ 88, однако в будущем их число будет сокращаться, так как уже состоялись референдумы по объединению некоторых субъектов в более крупные образования.

Наименование субъекта		Код субъекта	Код ГИБДД-ГАИ	Код по ISO 3166-2
записанное русским алфавитом	**записанное латинским алфавитом**			
Республика Адыгея	Adygeja, Respublika	01	01	RU-AD
Республика Алтай	Altajj, Respublika	04	04	RU-AL
Республика Башкортостан	Bashkortostan, Respublika	02	02	RU-BA
Республика Бурятия	Burjatija, Respublika	03	03	RU-BU
Республика Дагестан	Dagestan, Respublika	05	05	RU-DA
Республика Ингушетия	Ingushetja Respublika	06	06	RU-IN
Кабардино-Балкарская Республика	Kabardino-Balkarskaja Respublika	07	07	RU-KB
Республика Калмыкия	Kalmykija, Respublika	08	08	RU-KL

* Использованы материалы сайта: http://ru.wikipedia.org

Наименование субъекта		Код субъекта	Код ГИБДД-ГАИ	Код по ISO 3166-2
записанное русским алфавитом	записанное латинским алфавитом			
Карачаево-Черкесская республика	Karachaevo-Cherkesskaja Respublika	09	09	RU-KC
Республика Карелия	Karelija, Respublika	10	10	RU-KR
Республика Коми	Komi, Respublika	11	11	RU-KO
Республика Марий Эл	Marijj Ehl, Respublika	12	12	RU-ME
Республика Мордовия	Mordovija, Respublika	13	13	RU-MO
Республика Саха (Якутия)	Sakha, Respublika (Jakutija)	14	14	RU-SA
Республика Северная Осетия — Алания	Severnaja Osetija, Respublika (Alanija)	15	15	RU-SE
Республика Татарстан	Tatarstan, Respublika	16	16	RU-TA
Республика Тыва	Tyva, Respublika (Tuva)	17	17	RU-TY
Удмуртская Республика	Udmurtskaja Respublika	18	18	RU-UD
Республика Хакасия	Khakassija, Respublika	19	19	RU-KK
Чеченская республика	Chechenskaja Respublika	20	20, 95	RU-CE
Чувашская Республика	Chuvashskaja Respublika	21	21	RU-CU
Алтайский край	Atajjskijj Krajj	22	22	RU-ALT
Краснодарский край	Krasnodarskijj Krajj	23	23, 93	RU-KDA

Наименование субъекта		Код субъекта	Код ГИБДД-ГАИ	Код по ISO 3166-2
записанное русским алфавитом	**записанное латинским алфавитом**			
Красноярский край	Krasnojarskijj Krajj	24	24	RU-KIA
Пермский край[1]	Permskijj Krajj	XX 59 81	XX 59 81	RU-XXX RU-RER RU-KOP
Приморский край	Primorskijj Krajj	25	25, 125	RU-PRI
Ставропольский край	Stavropol'skijj Krajj	26	26	RU-STA
Хабаровский край	Khabarovskijj Krajj	27	27	RU-KHA
Амурская область	Amurskaja oblast'	28	28	RU-AMU
Архангельская область	Arkhangel'skaja oblast'	29	29	RU-ARK
Астраханская область	Astrakhanskaja oblast'	30	30	RU-AST
Белгородская область	Belgorodskaja oblast'	31	31	RU-BEL
Брянская область	Brjanskaja oblast'	32	32	RU-BRY
Владимирская область	Vladimirskaja oblast'	33	33	RU-VLA
Волгоградская область	Volgogradskaja oblast'	34	34	RU-VGG
Вологодская область	Vologodskaja oblast'	35	35	RU-VLG
Воронежская область	Voronezhskaja oblast'	36	36	RU-VOR
Ивановская область	Ivanovskaja oblast'	44	44	RU-IVA
Иркутская область	Irkutskaja oblast'	38	38	RU-IRK
Калининградская область	Kaliningradskaja oblast'	39	39	RU-KGD

Наименование субъекта		Код субъекта	Код ГИБДД-ГАИ	Код по ISO 3166-2
записанное русским алфавитом	**записанное латинским алфавитом**			
Калужская область	Kaluzhskaja oblast’	40	40	RU-KLU
Камчатская область	Kamchatskaja oblast’	41	41	RU-KAM
Кемеровская область	Kemerovskaja oblast’	42	42	RU-KEM
Кировская область	Kirovskaja oblast’	43	43	RU-KIR
Костромская область	Kostromskaja oblast’	37	37	RU-KOS
Курганская область	Kurganskaja oblast’	45	45	RU-KGN
Курская область	Kurskaja oblast’	46	46	RU-KRS
Ленинградская область	Leningradskaja oblast’	47	47	RU-LEN
Липецкая область	Lipeckaja oblast’	48	48	RU-LIP
Магаданская область	Magadanskaja oblast’	49	49	RU-MAG
Московская область	Moskovskaja oblast’	50	50, 90	RU-MOS
Мурманская область	Murmanskaja oblast’	51	51	RU-MUR
Нижегородская область	Nizhegorodskaja oblast’	52	52	RU-NIZ
Новгородская область	Novgorodskaja oblast’	53	53	RU-NGR
Новосибирская область	Novosibirskaja oblast’	54	54	RU-NVS
Омская область	Omskaja oblast’	55	55	RU-OMS
Оренбургская область	Orenburgskaja oblast’	56	56	RU-ORE
Орловская область	Orlovskaja oblast’	57	57	RU-ORL

Наименование субъекта		Код субъекта	Код ГИБДД-ГАИ	Код по ISO 3166-2
записанное русским алфавитом	**записанное латинским алфавитом**			
Пензенская область	Penzenskaja oblast’	58	58	RU-PNZ
Псковская область	Pskovskaja oblast’	60	60	RU-PSK
Ростовская область	Rostovskaja oblast’	61	61	RU-ROS
Рязанская область	Rjazanskaja oblast’	62	62	RU-RYA
Самарская область	Samarskaja oblast’	63	63	RU-SAM
Саратовская область	Saratovskaja oblast’	64	64	RU-SAR
Сахалинская область	Sakhalinskaja oblast’	65	65	RU-SAK
Свердловская область	Sverdlovskaja oblast’	66	66, 96	RU-SVE
Смоленская область	Smolenskaja oblast’	67	67	RU-SMO
Тамбовская область	Tambovskaja oblast’	68	68	RU-TAM
Тверская область	Tverskaja oblast’	69	69	RU-TVE
Томская область	Tomskaja oblast’	70	70	RU-TOM
Тульская область	Tul’skaja oblast’	71	71	RU-TUL
Тюменская область	Tjumenskaja oblast’	72	72	RU-TYU
Ульяновская область	Ul’janovskaja oblast’	73	73	RU-ULY
Челябинская область	Cheljabinskaja oblast’	74	74	RU-CHE
Читинская область	Chitinskaja oblast’	75	75	RU-CHI
Ярославская область	Jaroslavskaja oblast’	76	76	RU-YAR
Москва	Moskva	77	77, 97, 99, 177	RU-MOW

Наименование субъекта		Код субъекта	Код ГИБДД-ГАИ	Код по ISO 3166-2
записанное русским алфавитом	**записанное латинским алфавитом**			
Санкт-Петербург	Sankt-Peterburg	78	78, 98	RU-SPE
Еврейская автономная область	Evrejjskaja avtonomnaja oblast'	79	79	RU-YEV
Агинский Бурятский автономный округ	Aginskijj Burjatskijj avtonomnyjj okrug	80	80	RU-AGB
Корякский автономный округ	Korjakskijj avtonomnyjj okrug	82	82	RU-KOR
Ненецкий автономный округ	Neneckijj avtonomnyjj okrug	83	83	RU-NEN
Таймырский (Долгано-Ненецкий) автономный округ	Tajjmyrskijj (Dolgano-Neneckijj) avtonomnyjj okrug	84	84	RU-TAY
Усть-Ордынский Бурятский автономный округ	Ust'-Ordynskijj Burjatskijj avtonomnyjj okrug	85	85	RU-UOB
Ханты-Мансийский автономный округ — Югра	Khanty-Mansijjskijj avtonomnyjj okrug — Jugra	86	86	RU-KHM
Чукотский автономный округ	Chukotskijj avtonomnyjj okrug	87	87	RU-CHU
Эвенкийский автономный округ	Ehvenkijjskijj avtonomnyjj okrug	88	88	RU-EVE
Ямало-Ненецкий автономный округ	Jamalo-Neneckijj avtonomnyjj okrug	89	89	RU-YAN

Наименование субъекта		Код субъекта	Код ГИБДД-ГАИ	Код по ISO 3166-2
записанное русским алфавитом	**записанное латинским алфавитом**			
Территории, находящиеся за пределами РФ и обслуживаемые Управлением режимных объектов МВД России	Outer territories	—	94	—

Приложение № 7

ИНТЕРВЬЮ

Функция интервью – передача значимой информации, обмен мнениями.

В средствах массовой информации интервью не всегда передаётся целиком, полностью. Иногда при публикации ответы собеседника корреспондент или пересказывает, или воспроизводит в сокращённом виде. Полностью приводятся наиболее важные, интересные вопросы и ответы. Часто корреспондент кратко комментирует факты, события, о которых идёт речь, и даёт информацию о своём собеседнике.

Схема интервью:

– *композиционное вступление*: сообщаются необходимые сведения о собеседнике и тема разговора;

– *основная часть*: изложение содержания беседы;

– *заключительная часть*: корреспондент просит гостя рассказать о планах на будущее, желает успехов, благодарит за беседу и т. п.

Интервью может быть **эксклюзивным** и **блиц-интервью**. **Эксклюзивное интервью** – единственное интервью, данное исключительно определённому каналу, газете, журналисту и т. п. **Блиц-интервью** – краткое интервью, данное в момент события, о котором идет рёчь, или сразу после него.

Приложение № 8

ТЕЗИСЫ

Существует два вида составления тезисов исходного текста:

– выделение тезисов из авторского текста;

– самостоятельное построение тезисов (описание основных положений текста своими словами).

Для того чтобы выделить тезисы из авторского текста, необходимо:

– исключить из содержания абзацев второстепенную информацию;

– сократить или перефразировать, если необходимо, предложения;

– сформулировать самостоятельно основную мысль каждого абзаца текста.

Для того чтобы самостоятельно построить тезисы, необходимо ясно, кратко и точно выразить основную мысль каждого абзаца авторского текста и записать её своими словами.

Приложение № 9

РЕФЕРАТ

Рефераты бывают **профессиональные** и **непрофессиональные** (учебные). **Виды рефератов:** учебный, реферат-конспект, реферат-резюме.

Учебный реферат – это самостоятельная исследовательская работа. Цель такого реферата – продемонстрировать знания по исследуемой проблеме.

По **степени полноты** передачи информации различают:

– *реферат-конспект* – изложение всех основных положений оригинала;

– *реферат-резюме* – изложение только тех положений оригинала, которые связаны с темой реферата.

По **количеству** реферируемых **источников** выделяют:

– *монографический* реферат – составленный по одному источнику;

– *обзорный реферат* – обобщающий материал по нескольким источникам.

Цель реферата – передать основную, существенную, новую, важную информацию, содержащуюся в реферируемом документе. Лишней можно считать как информацию, уже известную читателю, так и новую информацию, если она не относится к теме, а также историю вопроса (в тексте реферата история вопроса не излагается, достаточно упомянуть о наличии в работе таких сведений), ссылки (если документ является продолжением ранее опубликованных материалов или в нём эти материалы обсуждаются).

Основные **содержательные компоненты** текста реферата:

а) тема, исследуемая проблема; предмет (объект), цели и содержание работы;

б) методы исследования (известные или новые);

в) конкретные результаты (теоретические, описательные);

г) выводы автора (оценки, предложения), принятые или отвергнутые гипотезы, представленные в тексте-оригинале;

д) область и пути применения результатов работы.

Логическая схема учебного реферата:

– введение,

– основная часть,

– заключение.

Языковые средства оформления рефератов

Тема реферируемой работы:

В работе говорится ... *(о чём)*;

Рассматривается (анализируется, излагается, исследуется, описывается, освещается, раскрывается и т. д.) ... *(что?)*; даётся ... *(что?)*;

Работа посвящена ... *(чему?)*;

Работа представляет собой ... *(что?)*.

Проблема (цель) реферируемой статьи / книги:

Основной проблемой (целью) является ... *(что?)*;

Проблема заключается ... *(в чём?)*;

Автор статьи пытается решить (обсудить, изложить...) проблему ... *(чего?)*;

Целью статьи является проанализировать (осветить) ... *(что?)*;

В монографии представлена проблема ... *(чего?)*;

Автор книги касается проблемы ... *(чего?)*.

Композиция реферируемой работы:

Работа состоит из ... ; включает ... части; делится на ... главы;

В работе можно выделить ... части / раздела ...;

Статья начинается / заканчивается ...;

В начале книги / в первой главе автор рассматривает ...

Описание содержания реферируемой работы:

Автор описывает (характеризует, формулирует, раскрывает, подчёркивает, сравнивает, прослеживает) ... *(что?)*;

В работе акцентируется внимание ... *(на чём?)*;

В статье анализируется (рассматривается) содержание ... *(чего?)*;

Статья дает анализ ... *(чего?)*;

Монография содержит характеристику ... *(чего?)*;

Автор касается ... *(чего?)*.

Сопоставление позиций разных авторов на одну проблему:

Если автор А считает, что ..., то *автор В*, наоборот, полагает, что ...

В противоположность *автору А автор В* даёт широкую картину ...

Статья А *и* статья В *рассматривают проблему с противоположных точек зрения, дополняют друг друга ...*

Что касается ..., то ...

Согласен с автором в том, что ...

Отношение автора реферата к позиции автора реферируемой работы:
Согласие:
Разделять точку зрения ... *(кого?)* на ... *(что?)*
Придерживаться такого же мнения, что и ...
Согласен с автором в том, что ...
Автор достаточно убедительно доказал, что ...
Нельзя не согласиться *(с чем?)* ...
Несогласие:
Придерживаться другой точки зрения ...
Не разделять точки зрения ...
Автор противоречит себе, когда необоснованно утверждает ... *(что?)*
Представляется малоубедительным ... *(что?)*
Сомнительно, что ...
В статье имеются спорные моменты ...
Недоказательны выводы *(кого? о чём?)* ...

РЕФЕРАТ
(Образец)

Глобализация и эволюция международных отношений
доктор ист. наук, проф. ***Ю.А. Булатов,***
декан факультета «Международные отношения»
МГИМО (У) МИД РФ
доктор ист. наук, проф. ***А.И. Подберёзкин,***
Институт системных исследований Счётной палаты РФ.
«Россия в глобальном мире». М.: Научная книга, 2003.

В параграфе работы, посвящённой глобализации и её значению в современном мире, проф. Ю.А. Булатов и проф. А.И. Подберёзкин представляют мнения отечественных и зарубежных исследователей по данной проблеме (библиография насчитывает более 200 работ). Обзор делается в целях выявления различий во взглядах на данное явление международной жизни в разных странах и регионах, что отражено и в терминологии, связанной с обозначением анализируемого явления: «глобализация», «мондиализация» и «вестернизация». Кроме того, авторы прогнозируют определённый ход событий международной жизни как неизбежный в условиях становления нового мирового порядка и предлагают России не оставаться в стороне.

Во вступлении авторы объясняют, что же понимается под глобализацией и какую роль играет современная Россия в системе международных отношений в исторических условиях. При этом отмечается, что различные характеристики глобализации не подразумевают отказа мирового сообщества от оптимистичных перспектив, а неизбежность перемен всемирно-исторического значения требует участия в мировых процессах всё большего числа стран.

В основной части параграфа авторы, характеризуя современную эпоху, анализируют исторический опыт создания современного общества. Основное внимание уделяется роли тех стран, которые обеспечили миру производственно-экономический, научно-технический и культурный рывок в современность. Авторы подчёркивают, что в условиях поиска единой социально-экономической модели в многообразном разноуровневом мире можно говорить о модификации процесса глобализации с целью управления глобальными трансформациями, что способно предотвратить угрозу человечеству.

Подробно анализируя процесс становления человечества как единого субъекта мировой истории, действующего в одном направлении, способного к постановке и решению глобальных проблем, авторы подчёркивают, что они не относят себя ни к числу противников глобализации, ни к числу её сторонников. При этом отмечается, что авторы понимают глобализацию как реальность мировой истории, когда развивается всеобщая взаимозависимость.

Далее авторы отмечают, что возрастающее осознание своих возможностей странами различной мировой значимости должно основываться на законах постиндустриального, информационно-коммуникативного мира, где нет места архаичным политическим системам, догматичным идейным установкам, ценностям, предполагающим разделение человечества по цвету кожи, убеждениям, количеству имущества. В связи с этим высказывается надежда на то, что глобальный мир постепенно сможет реализовать потенциал более справедливого общества.

Определяя цели и задачи, стоящие перед человечеством в новом тысячелетии, авторы подчёркивают, что только так может совершиться создание нового миропорядка, способного предоставить благополучие, достаток, защищённость и свободу всем людям Земли.

В заключении авторами делается вывод, что для внедрения в новую систему международных отношений принципов справедливости и прав человека предстоит ещё долгая и упорная борьба.

Реферат составлен

Имя, фамилия ...

Дата выполнения ...

Приложение № 10

АННОТАЦИЯ

Сущность и назначение **аннотации** в том, что она даёт сжатую характеристику самого источника информации (книги, статьи и т. п.), его структура, назначения (на кого рассчитан), объёма источника (количество страниц) и наличии иллюстраций (схемы, таблицы и т. п.).

Структура аннотации:

– библиографическое описание (фамилия автора (-ов), название книги (статьи), выходные данные (наименование издательства, место и дата издания (для книги) или наименование газеты, журнала, год издания, номер (для статьи), количественная характеристика (число страниц, иллюстраций и т. п.));

– текст аннотации, который дополняет информацию, данную в библиографическом описании, и включает сведения о содержании произведения, его авторе и достоинствах произведения.

Клише для аннотирования:

а) **начинающие аннотацию и вводящие в главную тему**: в книге (статье, монографии, сборнике, в работе, в данном (этом) произведении и т. д.) ...; в первой (во второй, в третьей...) главе (разделе, части...) документа (книги, монографии, статьи, сборника и т. д.) ...

б) **оформление основной мысли произведения**:

– автор (исследователь, учёный...) излагает (описывает, анализирует, исследует, информирует, рассматривает, освещает, утверждает, затрагивает, сопоставляет...) ...; в книге (статье, монографии, работе, документе...) излагается (анализируется, рассматривается, даётся...), говорится, излагаются основные вопросы, приводятся сведения, подвергается критике, сопоставляется, характеризуется, освещаются, обосновывается ...;

– книга (статья, монография, документ...) состоит из ..., знакомит читателей ..., содержит описание ..., это статья (книга, монография...) о ..., автор пишет о ..., предметом обсуждения в книге (статье, монографии...) является ..., в задачи данной работы входит ...;

в) **формирующие выводы**: сделан (делается) вывод, автор приходит к выводу (подводит итоги, заключает, в заключение подчёркивает ...);

г) **формирующие цель исследования**: цель статьи (монографии, книги, работы...), автор ставит цель;

д) **указывающие на адресат**: для ..., книга (статья, учебник...) рассчитана на ..., представляет интерес для..., может быть рекомендована ..., может быть использована ..., может быть адресована ...

Приложение № 11

ТЕКСТЫ ДЛЯ САМОСТОЯТЕЛЬНОГО ЧТЕНИЯ

Интервью

Текст № 1
КТО МЫ, РУССКИЕ?

Как ни странно, многие духовные авторитеты, которыми гордится Россия, родину не жаловали. Вот, к примеру, Гоголь: «...и дышит нам от России не радушным, родным приёмом братьев, но какою-то холодною, занесённою вьюгою почтовой станцией, где видится один ко всему равнодушный станционный смотритель с чёрствым ответом: «Нет лошадей!». Или: «...страна, где нет не только никаких гарантий для личности, чести и собственности, но нет даже и полицейского порядка, а есть только огромная корпорация разных служебных воров и грабителей». Это Белинский. А Пушкин подытожил: «Чёрт догадал меня родиться в России с душою и талантом»... И уже в наши времена было замечено: мы имеем то, что имеем, потому что мы те, кто мы есть. Так кто же мы такие?

*Ответ на этот вопрос много лет ищет **Людмила Сергеевна КУСТОВА**, доцент кафедры зарубежной журналистики и литературы МГУ им. Ломоносова. Она же — автор книги «Тайна национального характера».*

— Среди некоторых учёных есть точка зрения, что никакого национального характера нет вовсе. Аргумент такой: между русским инженером или врачом и, скажем, американским гораздо больше общего, чем между русскими же горожанином и сельским жителем, безработным и бизнесменом.

— Эта точка зрения возникла во времена глобализации, смешения культур. Но если мы обратимся к вековой истории любого народа, то увидим, что некоторые общие черты сохраняются на протяжении веков. Эти черты могут быть связаны, например, с природными условиями, и потому любой милиционер легко отличит жителя равнин от горца. Недаром русский философ Лосский, написавший целое исследование на эту тему, отметил, что у русских «расплывчатые» черты и это связано с ландшафтом. В языке горца больше согласных, у жителя равнин — гласных. Есть отличия и в характере.

Что касается национального характера, то в наше время используют и другие термины — например, национальный стереотип, он складывается из представлений других народов о нас и нашего представления о самих себе. Говорят и о национальном менталитете, и даже о более широком понятии – национальной идентификации.

Много лет я веду страноведческий семинар на международном отделении факультета журналистики. У меня нет возможности посвящать каждой стране по полгода, и я стала искать общий ключ, который помогал бы студентам подготовиться к работе в любой точке мира. Я предложила модель исследования национального характера, которая включает в себя три уровня. На формирование первого из них, материального, накладывают отпечаток природа и история, духовный проявляется через язык, религию и искусство. Третий, материально-духовный, охватывает практически все сферы жизни, от государственного устройства до национальной кухни. Такая модель помогает понять специфику любого народа — со своими особенностями внешнего облика и веками выработанного мировоззрения, с общими представлениями о добре и зле и нравственными устремлениями.

— А у нас какая специфика?

— Русские — совершенно уникальное явление. Славяне пришли сюда из центра Европы, а здесь уже жили вдоль рек угро-финские племена — меря, весь, мордва, коми... Но никаких конфликтов не было, потому что аборигены были рыболовами и охотниками, а славяне — земледельцами, вот и обменивались продуктами. Так, на основе нескольких этносов сложился суперэтнос — русские. Где вы ещё найдете такую огромную территорию, где люди были бы объединены?..

— Что, есть повод гордиться?

— Нет, ведь это отчасти и наша беда, потому что мы оказались в двойственном положении, между Европой и Азией. Если считать, что народ — это личность, то для него любая двойственность тяжела.

Иностранцы, приезжая в старую Россию, удивлялись, видя рабское поклонение начальству. Эта традиция восходит к временам татаро-монгольского ига, когда народ поклонялся правителю, но тот и сам придерживался каких-то высших принципов. Не случайно Чингисхан ценил определённый психологический тип: награждал тех, кто был предан своему вождю, сопротивлялся иноземным захватчикам, и уничтожал тех, кто покорно подчинялся.

Киевская Русь не могла объединиться, брат воевал с братом, а татарам удалось захватить полмира. Их целью было создание великой монархии. Осуществить это удалось опять-таки благодаря психологии кочевника, который довольствовался минимальными благами. С тех пор у нас и осталось: мы бедные, зато духовые...

А на исходе ордынского ига в человеческих душах происходили очень важные перемены. Были люди с рабской психологией, но были и другие, которые не хотели больше терпеть. На Руси начался национально-религиозный подъём, появились монастыри, духовные подвижники. Население постепенно становилось народом.

— Когда говорят о русском характере, на ум приходят стереотипы: «раздолье-приволье», «любить — так без рассудку», «умом не понять» и вообще мы самые-самые... Насколько все это справедливо?

— В словаре Брокгауза и Эфрона сказано, что национальный характер — это нечто трудноуловимое, неясное и неопределённое. И всё же на бытовом уровне мы, не задумываясь, отмечаем жизнерадостность французов, экспансивность испанцев, чопорность англичан, аккуратность немцев. Русские, конечно же, «загадочные», хотя любой народ — это тайна, тут мы ничем не отличаемся от других.

Но мы ещё и максималисты, потому что у нас другая история, да и живём мы не стесненно. Если у соседей — свобода, то у нас — вольность, потому что кругом просторы. Да, у нас нет западной дисциплинированности, протестантского отношения к жизни. В этом сыграл роль и климат: летом надо было тяжело работать, а зимой лежать на печи. Но зато у нас прекрасно знают, что день год кормит, потому и авральный режим работы привычен.

— Горький в «Несвоевременных мыслях» написал: «Я особенно подозрительно, особенно недоверчиво отношусь к русскому человеку у власти — недавний раб, он становится самым разнузданным деспотом, как только приобретает возможность быть владыкой ближнего своего». Это действительно так?

— Горький обращал внимание только на отрицательные черты и, возможно, как художник был прав, но когда берётся лишь одна черта, то оценка получается однобокой, и поэтому надо смотреть шире и видеть, где достоинства переходят в недостатки. Деспотизм? Есть и такое. Но в то же время вы вряд ли найдёте более отзывчивого человека, чем русский. Последнюю рубаху отдаст...

— Выходит, финн, к примеру, — тот не отдаст? «Какой народ мы считаем равным себе? Все-то у нас черномазые, узкоглазые, чурки, хохлы...». Это из дореволюционной книжки «Мнения русских о самих себе». Даже Пушкин («краев чужих неопытный любитель и своего всегдашний обвинитель») однажды высказался так: «Недоброжелательство — основная черта русского народа. В народе выражается насмешливостью, в высшем кругу — невниманием и холодностью».

— Я не люблю, когда фразы вырывают из контекста. Сколько у того же Пушкина замечательных слов о русском народе! Наверное, любя его, Пушкин имел право что-то не принимать в нём. Когда я по дороге на дачу вижу вокруг кучи мусора, то тоже сомневаюсь в достоинствах нашего народа. А откуда это идёт? Опять из истории. У нас большие территории, на одном месте не жили. Европа строила города, а мы истощали поля и шли дальше. И никогда не задумывались о том, что за порогом дома. Вытряхнуть на лестничной клетке или с балкона коврик — это обычное дело.

— Есть много анекдотов типа «Встретились русский, англичанин и француз...». Самое неожиданное — это то, что сделает или скажет русский. Почему мы сами себе кажемся смешными?

— Если разбираться исторически, то тем же англичанам, в переводе на человеческий возраст, семьдесят лет, а нам — двенадцать. Хотя тут есть разные точки зрения: одни историки считают, что мы начали формироваться во времена Киевской Руси, другие — после Куликовской битвы, в XIV веке. Я склоняюсь ко второй точке зрения. В таком случае у нас разница в возрасте с Европой — тысяча лет.

— И чему же она научилась за это время?

— Если говорить об англичанах, чей характер я специально изучала, то у них на первом месте — индивидуализм и консерватизм, а цель — личная независимость и социальная самостоятельность. В результате они умеют действовать, причём безо всяких обсуждений и эмоций. Помню, в Шеффилде выпал необычайно обильный снег, движение осложнилось, автобусы не ходили. И вот на углу нерасчищенных улиц я увидела человека (не полицейского), который объяснял водителям, где можно проехать. Пешеходы уступали дорогу машине, в которой мы ехали, и каждый раз наш водитель притормаживал, открывал окно и кричал посторонившимся «спасибо». Когда машина забуксовала на горке, сразу же несколько человек бросились помогать. При этом англичане начисто лишены стадного чувства и ничего не будут делать «за компанию». Если они объединяются, то, как правило, ради какой-нибудь достойной цели. Так проявляется в них рыцарский кодекс чести, один из постулатов которого таков: уважая другого — возвышаешь себя, оказывая услугу — укрепляешь своё личное достоинство. Поэтому они откликаются на любую просьбу и не забудут о ней, даже если не смогут выполнить её сразу. Но при этом всегда соблюдают дистанцию, уважая собственный покой и душевную неприкосновенность другого. Соседи, живущие много лет в одном коттедже, не переступают порога друг друга, а их дети свято соблюдают невидимые границы общей лужайки. Это вытекает из их представлений о личной свободе.

Кстати, уважение к личности сказывается и в отношении к природе. Англичане стараются не вмешиваться в неё, предпочитая естественное искусственному. Потому и английские парки так отличаются от распланированных и подстриженных французских, регулярных».

— Порой можно услышать о славянском братстве. Существует ли оно? Сербов почему-то порой называем братьями, а вот поляков, хоть они тоже славяне, — нет...

— Сейчас о братстве трудно говорить, потому что предполагалось православное братство (сербы — православные), а мы в большинстве своём неверующие. Дело в том, что прежде религия проникала в быт и определяла жизненный уклад. Почему после революции так яростно взялись за крестьян? Потому что их образ жизни мешал осуществлению новых идей. Кроме того, для братства нужны общая историческая судьба, общие труды по созданию государства, культуры. Поляки же, будучи католиками, всегда больше тяготели к Европе.

— Одна очень известная актриса однажды заметила, что-де «мы свою страну любим, но не уважаем».

— Сегодня, к сожалению, не за что уважать. 20 августа 1991 года я была у Белого дома. Домашние отговаривали, но я открыла наугад Евангелие, а там: «Иди, Мария, не бойся, на тебе благодать Божия». А что вышло?..

Но несмотря ни на что ядро Евразии — Россия — сохранилось, у нас есть стремление быть вместе. Однако гарантий единства нет, тут всё в наших руках. Как считал историк Лев Гумилёв, народ как биологический вид живёт примерно тысячу лет, потом он рассеивается среди других, что и произошло, например, с евреями, армянами, цыганами. История непредсказуема, тут возможны неожиданные повороты, и конкретный срок зависит от психологического настроя. Сейчас в стране разброд, неопределённость. Можно войти в пору золотой осени, а можно и исчезнуть.

И всё же я верю в наш народ. Есть надежда, что положение изменится, потому что мы умеем хорошо впитывать чужое. Русские, например, попадая в чужую страну, быстрее приспосабливаются, приобретая даже внешне черты коренного населения. И при этом никогда ничего не берут механически, всё перерабатывают на свой лад. Наша беда – в попытках слепо внедрить чужое. Надо не опыт заимствовать, а учиться у других народов любви к своей родине, интересу к истории, к тому, что делалось. А мы или возвеличиваем себя неумеренно, или занимаемся самоуничижением. Всё тот же максимализм и крайности... Выхватили, например, цитату из Сэмюэля Джонсона и стали писать, что-де патриотизм — последнее прибежище негодяев. Он-то имел в виду другое: если уже всё потеряно, ничего нет у человека за душой, но осталась любовь к родине — то надежда ещё есть.

— Мы часто повторяем слова: надежда умирает последней. А вот за рубежом говорят иначе: надежда — мать дураков. Кто, по-вашему, прав?

— Ещё говорят и так: надежда и страх — враги человека. Если человек во время опасности пассивно ждёт и надеется, что пронесёт, это глупо. А если не теряет надежды, чтобы выкарабкаться, — что же тут плохого?

Сейчас мы, как и весь мир, находимся в поре брожения. С одной стороны, усиливается глобализация, с другой — народы стремятся сберечь неповторимые черты в собственной культуре, потому что её упрощение до уровня массовой означает духовную гибель. В этом смысле нам особенно трудно, ведь весь прошлый век шло уничтожение лучших, причём во всех слоях общества, по сути — уничтожение генофонда. Поэтому сейчас главное – сохранить национальную самобытность.

— Как это сделать?

— Беречь людей, заботиться друг о друге. И всё будет в порядке.

Евгений Крушельницкий

Текст № 2
ИМИДЖ РОССИИ — ЗАБОТА ВСЕЙ НАЦИИ

Интервью заместителя Министра иностранных дел России А.Ю. Мешкова. Дипломат. 09.09.2003.

Вопрос: Уважаемый Алексей Юрьевич, давно хотелось побеседовать с Вами об имидже России, о роли МИД в формировании этого имиджа.

Ответ: Для каждого государства очень важно, как его воспринимают во внешнем мире, особенно сейчас, когда мы живём в период глобализации. Чисто гуманитарная, на первый взгляд, проблема имиджа касается напрямую того места, которое то или иное государство занимает на мировой арене. Чем активнее страна участвует в международных усилиях по преодолению новых угроз и вызовов, начиная с международного терроризма и организованной преступности и кончая наркотрафиком, с которыми сталкивается человечество, тем позитивнее воспринимают её роль другие члены мирового сообщества. Сегодня Россия всё больше и больше рассматривается в мире как надёжный и незаменимый партнёр в решении как этих проблем, так и вопросов стратегической стабильности, урегулирования различных региональных конфликтов. Положительный образ важен для развития экономических связей, ведь Россия активно возвращается в мировую экономическую систему. Говоря об образе страны в мире, нельзя не затронуть такую тему, как роль гражданского общества. Образ той или иной страны во многом формируется за счёт контактов между общественными организациями и простыми людьми. Все эти элементы важны для формирования образа страны. Но главное, конечно, — это внутренние процессы, которые проходят в ней. Без устойчивого развития политической системы, экономики, духовной жизни государства трудно себе представить позитивное восприятие его образа окружающим миром. Сформировать имидж страны очень сложно, и можно достаточно быстро его испортить, а потом долго восстанавливать.

Вопрос: Вы имеете в виду то, что случилось после распада Советского Союза?

Ответ: Скорее, накануне распада. Сейчас многие почти забыли, что это были за времена, какой был нанесён удар по образу страны. Исчезновение Советского Союза поставило нас перед сложной задачей формирования образа новой России, и этот процесс прошёл несколько этапов. На первом из них Россия пользовалась в мире симпатией, широкой поддержкой демократических процессов. Потом возникли проблемы. У одних наступило определённое разочарование: реформы шли не так быстро и не так гладко. У других появилась боязнь возрождения России как серьёзной державы с крупными экономическими и геополитическими интересами. На мировой экономической арене Россия вновь стала серьёзным конкурентом, и поэтому были задействованы специальные имиджмейкерские технологии. Вспомним историю с Банком Нью-Йорка. Подобные акции были направлены на подрыв позитивного образа российского бизнеса, всей России за рубежом. Сейчас совершенно очевидно, что в 2000 году начался новый этап становления образа России. В мире теперь признают позитивную динамику российской экономики и развития демократических институтов. Поэтому нынешний образ России, я глубоко убеждён, значительно лучше, чем тот, который был ещё несколько лет назад. Доказательства? Нынешним летом в третий раз с 2000 года ОЭСР повысил кредитный рейтинг России. Третий раз с 2000 года! Это действительно беспрецедентное событие. Яркое свидетельство нового восприятия России — увеличение потоков прямых инвестиций. Кстати, ускоряется возвращение в Россию российских капиталов, это стимулирует и приход иностранного бизнеса. Совершенно очевидно, что празднование 300-летия Санкт-Петербурга стало событием, в определённой степени венчающим важный этап формирования образа России в мире. Вкратце я определил бы его так: страна огромных возможностей для взаимовыгодного сотрудничества, со стабильной политической системой, высоким культурным и образовательным уровнем.

Вопрос: Какую роль в формировании имиджа России играет иностранное сообщество Москвы, под которым мы подразумеваем дипломатический корпус, журналистский корпус и бизнес-сообщество?

Ответ: Действительно, иностранцы, проживающие в России, оказывают сильное влияние на формирование образа России в своих странах. Так было на протяжении всей российской истории, начиная с Немецкой слободы и даже раньше, со времён купцов и путешественников. Мы до сих пор с интересом читаем их путевые записки, к примеру, книгу маркиза де Кюстина. Хочу сказать, что де Кюстину и ряду других авторов мы обязаны как любопытными наблюдениями, так и многими предубеждениями, которые, пройдя через столетия, появляются в суждениях о России наших иностранных коллег. Что касается наших современников, то в последние годы их отношение к России меняется к лучшему, растёт интерес. Ещё 5 лет назад в Москве было аккредитовано 350 иностранных журналистов, сейчас их уже более 2000. Правда, совсем недавно численность корреспондентского корпуса стала сокращаться. Этому есть объективные причины: Россия становится всё более стабильной и предсказуемой, здесь нет сенсаций, которые так привлекают журналистов. Да, у нас сохраняются определённые проблемы, и иностранцы видят их, пишут о них: дипломаты — в свои министерства, журналисты — в редакции, а бизнесмены — в главные офисы компаний. А где их нет? Министерство иностранных дел старается помогать в решении вопросов, с которыми сталкиваются иностранные граждане у нас, активно работает с соответствующими российскими министерствами и ведомствами.

Вопрос: Как складываются отношения иностранного журналистского корпуса с МИД?

Ответ: Труд любого журналиста — это работа с информацией, доступ к ней. В последние месяцы МИД запустил совместную с агентством РИА «Новости» программу. Она называется «Открытая Россия», в её рамках несколько раз в неделю проходят специальные пресс-конференции, где мы рассказываем о событиях в стране, о внешней политике России. Принципиально важно, что мы не ограничиваемся выступлениями представителей нашего министерства, а приглашаем интересных людей, как сейчас принято говорить, ньюсмейкеров. Наш министр Игорь Сергеевич Иванов проводит 2–3 пресс-конференции в неделю по итогам своих переговоров. На них присутствуют журналисты многих стран мира. Так что, думаю, МИД достойно выполняет решения Правительства о более открытой информационной политике. Мне приятно напомнить, что МИД является одним из пионеров создания министерских интернет-сайтов. На сайте www.mid.ru практически в режиме реального времени можно получить всю информацию, связанную с внешнеполитической деятельностью России: официальные заявления, интервью руководства страны и руководителей министерства по внешнеполитической проблематике.

Вопрос: А какую роль в формировании имиджа страны играют наши посольства?

Ответ: Продвижение позитивного образа России — одна из основных задач любого посольства, в каждом из них есть свой пресс-секретарь или советник по прессе, который работает со СМИ, с местной общественностью. Наши послы всё чаще выступают в прессе стран своего пребывания, некоторые даже ведут колонки в периодических изданиях. На английском радио нередко выступает Григорий Борисович Карасин, на страницах итальянских газет часто публикуется Николай Николаевич Спасский. А включая телеканал CNN, регулярно видишь выступления нашего Постоянного представителя при ООН Сергея Викторовича Лаврова. Посольство России в Париже по инициативе посла Александра Алексеевича Авдеева стало одним из важных культурных центров Франции. Очень активно Посольство в Индии, и таких примеров действительно много. В 70 посольствах созданы собственные интернет-сайты — это тоже даёт возможность рассказывать о нашей стране.

Один из столпов продвижения позитивного имиджа России — Росзарубежцентр, проводящий очень полезную работу во многих странах мира, организующий культурные акции, выставки. У меня немало знакомых художников, которым Росзарубежцентр серьёзно помог познакомить со своим творчеством многие страны. Очень важное направление – курсы русского языка, которые организуются Росзарубежцентром в разных государствах. Это направление становится всё более важным, потому что помимо русскоязычного сообщества в странах СНГ и Балтии за последние годы в мире значительно выросла русскоязычная диаспора. Возможностей школ при посольствах уже недостаточно. Да и интерес к русскому языку в так называемом «дальнем зарубежье» опять возрождается.

Вопрос: Что нужно сделать, чтобы МИД и организации-спутники типа Росзарубежцентра активнее работали по продвижению имиджа? Эта проблема — финансовая, организационная?

Ответ: Начну с одной цифры. На продвижение позитивного образа США тратится миллиард долларов в год только по линии государства. У Российского государства таких средств нет. Повышению эффективности нашей работы и улучшению образа России способствовало бы подключение российского бизнес-сообщества. Сейчас, насколько я знаю, соответствующая структура создана в РСПП, над этим работает и ТПП. Конечно, этого мало. Российский бизнес должен понять, что ему выгодно вкладывать средства в улучшение образа страны, ведь тем самым создаются условия для повышения капитализации наших компаний, привлечения инвестиций. Приведу положительный пример такой совместной деятельности — выставка «Когда Россия говорила по-французски...», которая с огромным успехом прошла в соборе Дома инвалидов – одном из самых престижных музеев Парижа. Она проводилась под патронатом Президента России В.В. Путина и президента Франции Жака Ширака. Основные расходы по организации и проведению выставки взяла на себя группа «Интеррос». Число таких позитивных примеров растёт, но хочется, чтобы их было ещё больше. И, разумеется, речь идёт не только о бизнесе. Можно и нужно шире использовать потенциал выдающихся деятелей российской сцены, художников, писателей. У нас действует совет по культуре при министре иностранных дел, в 2001 году утверждены основные направления работы министерства по развитию культурных связей России с зарубежными странами. Старые программы культурного сотрудничества России с другими странами основывались только на государственных ресурсах, сейчас мы всё чаще ищем варианты привлечения частных структур, спонсоров и меценатов для реализации программ культурного сотрудничества.

Вопрос: Позвольте вернуться к роли государства в формировании имиджа. На Ваш взгляд, необходимо создать новое ведомство или то или иное среди существующих должно быть назначено главным? Если так, то какое — МИД, пресс-служба Президента, Минпечати?

Ответ: МИД — это тот государственный орган, который по указу Президента занимается координацией всей внешнеполитической деятельности страны. Поэтому продвижение позитивного образа России за рубежом тоже входит в сферу его компетенции. Но один МИД или любое другое министерство или ведомство в одиночку всё равно не способно формировать имидж нашей страны. Это задача всех государственных, частных и общественных структур. Кроме того, это дело и каждого гражданина России, взаимодействующего с внешним миром, выезжающего за границу по делам, на отдых. Один из элементов восприятия России как стабильной и процветающей страны — это восприятие иностранцами наших граждан за рубежом. Сейчас российские туристы, как правило, способствуют созданию позитивного образа страны. Вот почему я считаю, что необходима самая тесная координация усилий государственных учреждений, бизнес-сообщества, общественности и всех ответственных граждан в улучшении представления в мире о всех нас, о России.

Текст № 3
ВЛИЯНИЕ ГЕОГРАФИЧЕСКОГО ПОЛОЖЕНИЯ И РАЗМЕРОВ ТЕРРИТОРИИ НА РАЗВИТИЕ ЭКОНОМИКИ И ЖИЗНЬ НАСЕЛЕНИЯ РОССИИ

Россия — северная страна. Более половины её территории лежит севернее 60° с. ш., в том числе свыше 20 % — за полярным кругом. Посмотрите на глобус или карту полушарий: 60° с. ш. проходит через южную Гренландию, северный Лабрадор, юг Аляски. На этой же широте находится Санкт-Петербург — второй по значению и численности населения город нашей страны. Мурманск, Архангельск, Воркута, Сургут, Норильск, Якутск расположены за 60-й параллелью. Нигде в мире, ни в северном, ни в южном полушарии, нет такого большого скопления населения (около 150 млн. чел.) в столь высоких широтах, как в России. В России находится полюс холода северного полушария, а более половины её территории расположено в районах распространения многолетней мерзлоты. В связи с этим требуются колоссальные материальные затраты на строительство жилья и транспортные пути, отопление, тёплую одежду для населения.

Из-за своего северного положения Россия относится к зоне рискованного земледелия. Для неё характерны частые неурожаи, вызванные природно-климатическими условиями. Практически каждое десятилетие отмечено крупными неурожаями. Природа создала существенные трудности в развитии сельского хозяйства в России. С севера возможности земледелия ограничиваются арктическими холодами и многолетней мерзлотой, а с юга — жарким дыханием пустынь и полупустынь, занимающих в центральных районах Евразии самое северное положение в мире.

Можно только удивляться гению русского народа, который в сложных природных условиях создал островки северного земледелия не только за 60-й параллелью, но и за полярным кругом.

Россия обладает огромными минеральными богатствами, но основные ресурсы в нашей стране расположены в самой суровой зоне. Поэтому их освоение обходится очень дорого.

Уже ко временам Петра I и Екатерины II Россия сформировалась как самое большое по территории государство за всю историю человечества. Естественно, что её границы оказались самыми протяжёнными, а государственные границы надо охранять. Для этого необходима многочисленная армия.

Наконец, необъятные размеры страны определяют большие транспортные расходы, что ещё более повышает цены на перевозимые из одного района в другой продукты нашего труда. Для поддержания транспортных магистралей в хорошем состоянии в суровых климатических условиях также необходимы большие затраты.

Таким образом, северное положение России и её суровые природные условия требуют от населения огромных усилий для обеспечения нормального существования, неизмеримо больших, чем в других крупных странах мира. Например, для поддержания достигнутого к началу 1990-х гг. уровня благосостояния Японии достаточно использовать в год 3 т условного топлива, а России необходимо около 18 т.

При сравнении географического положения России с положением других крупнейших по площади государств мира — Канады, Китая и США — обращает на себя внимание, что только Канада имеет сходное с нашей страной положение в довольно высоких широтах на северной окраине материка. Самые южные районы Канады находятся на широте горных районов Дагестана и Владивостока, а северная материковая окраина лежит на одной широте с центральной частью полуострова Ямал.

Положение в арктическом, субарктическом и умеренном поясах, суровые зимы со снежным покровом, широкое распространение многолетней мерзлоты создают сходные с Россией условия освоения природных ресурсов и жизни населения. Однако более половины населения Канады живёт южнее широты Волгограда. Между 50–52° с. ш. и полярным кругом плотность населения в Канаде менее 1 чел. / км^2, а к северу от полярного круга находятся незаселённые территории. Недаром Канаду называют страной кленового листа. У нас же клён растёт лишь в юго-западной части Европейской России и на юге Дальнего Востока. США и Китай расположены много южнее. Северные окраины этих стран лежат в южной части умеренного пояса. Лишь Аляска (США) относится преимущественно к субарктическому и арктическому поясам. В основном США расположены в субтропическом поясе. В этом же поясе, а также в тропическом, находятся и главные земледельческие районы Китая, что создаёт в этих странах более благоприятные условия для развития сельского хозяйства и жизни населения. Побережья США и Китая омывают незамерзающие моря.

Учебное издание

Пухаева Л.С., Ольхова Л.Н.
Обновленная Россия

Подготовка оригинал-макета: издательство «Златоуст».
Подписано в печать 06.04.07. Формат 60x90/16. Печ. л. 18. Печать офсетная.
Тираж 1500 экз.
Код продукции: ОК 005-93-953005.

Лицензия на издательскую деятельность ЛР № 062426 от 23 апреля 1998 г.
Санитарно-эпидемиологическое заключение на продукцию издательства
Государственной СЭС РФ № 78.01.07.953.П.001928.03.05 от 11.03.2005 г.

Издательство «Златоуст»: 197101, С.-Петербург, Каменноостровский пр.,
д. 24, кв. 24. Тел.: (+7-812) 346-06-68, 703-11-54; факс: (+7-812) 703-11-79;
e-mail: sales@zlat.spb.ru, editor@zlat.spb.ru; http://www.zlat.spb.ru.

Отпечатано с готовых диапозитивов в типографии «Береста».
С.-Петербург, ул. К. Томчака, 28. Тел.: 388-90-00.